REGARD SUR L'AVENIR

LE VOYAGE

À propos des auteurs

Bridgette Di Ferdinando

Bridgette est une psychologue sociale primée, nomade dans l'âme et experte en transformation culturelle et comportementale. Elle cumule plus de vingt ans d'expérience dans des fonctions de direction et de conseil à l'international, auprès de gouvernements, d'entreprises et du secteur artistique, où elle accompagne l'évolution des mentalités afin de favoriser le leadership, la croissance et la collaboration dans des environnements complexes. Elle a parcouru le monde pour collaborer à des recherches, concevoir des technologies et intégrer des sagesses ancestrales à son travail sur les comportements, avec pour objectif de rapprocher les groupes, les dirigeants et les cultures, dans une perspective d'amélioration collective. Elle partage aujourd'hui sa vie entre Brisbane et Barcelone. Il s'agit de son premier livre.

Sacha Cornuault

Sacha est chercheur, auteur et consultant. Son travail se situe à la croisée des neurosciences, du leadership et du développement humain. Son premier ouvrage, À l'écoute du cerveau, analyse la manière dont les étudiants et les enseignants apprennent, s'adaptent et évoluent dans des environnements complexes. Au cours de la dernière décennie, Sacha a travaillé dans les domaines du développement des compétences managériales et du leadership. Originaire de France et installé en Australie, Sacha apporte à ses travaux une expérience personnelle de la mobilité, de l'identité et des transitions culturelles, qui nourrit tant ses recherches que son écriture. Son travail sur cet ouvrage réunit son intérêt de longue date pour les neurosciences, son expérience de la migration et sa fascination pour l'impact du voyage sur le comportement humain.

REGARD SUR L'AVENIR

LE VOYAGE

BRIDGETTE M. B. DI FERDINANDO

SACHA S. G. CORNUAULT

Tous les efforts ont été déployés afin de garantir l'exactitude, l'exhaustivité et la pertinence des informations présentées dans cet ouvrage. Toutefois, l'auteur et l'éditeur ne donnent aucune garantie, expresse ou implicite, quant à leur applicabilité à des situations individuelles. Le contenu est fourni « tel quel », à des fins exclusivement informatives et éducatives. L'auteur et l'éditeur déclinent toute responsabilité en cas de perte, de dommage ou de conséquence résultant de l'utilisation ou de l'interprétation de ce contenu. Les points de vue et opinions exprimés dans cet ouvrage sont ceux des auteurs et ne reflètent pas nécessairement ceux d'une organisation.

Avertissement professionnel et éthique : Cet ouvrage vise à susciter la réflexion et le débat autour du voyage, de l'identité et du développement humain. Il ne constitue en aucun cas un conseil psychologique, juridique, médical ou commercial. Les analyses présentées reposent sur des recherches, des expériences vécues et des connaissances professionnelles, mais ne sauraient se substituer à l'accompagnement de professionnels qualifiés dans des domaines spécifiques. Les lecteurs sont invités à tenir compte du contexte et à consulter des experts compétents avant d'appliquer les idées présentées dans leur vie personnelle ou professionnelle. L'auteur et l'éditeur déclinent toute responsabilité quant aux décisions prises sur la base du contenu de cet ouvrage.

Titre : Regard sur L'avenir – Le voyage
Auteurs : Bridgette Di Ferdinando et Sacha S. G. Cornuault
Éditeur : Mindset Publishing LLC
Thèmes : Voyage | Psychologie | Culture | Développement humain
Conception de la couverture : Claire Woodfield
Illustrations : Bridgette Di Ferdinando et Sacha S. G. Cornuault
ISBN (broché) : 978-1-7640093-9-3| Pour toute autorisation ou demande d'information : mindsetpublishingllc@gmail.com

À toutes celles et ceux qui m'ont soutenue et encouragée à (enfin) publier un livre sur un sujet qui me passionne profondément, le voyage, en mobilisant tout ce que je sais sur l'esprit humain : vous savez qui vous êtes. Je vous serai éternellement reconnaissante pour votre sagesse et vos précieux conseils. Et à mon fils, Leonardo. Te voir accueillir les expériences de la vie avec émerveillement et les intégrer dans ton cheminement personnel a été ma plus grande source d'inspiration. Ce livre est pour toi. - *Bridgette*

À mes parents, à mes grands-parents, à ma sœur Emma, à Mickael et à Julianna : votre soutien a façonné chaque étape de ce parcours. À celles et ceux qui n'ont pas encore connu la liberté qu'offre le voyage, puisse cet ouvrage vous encourager à partir à la découverte du monde. Et à ma petite cerise, merci d'avoir été, tout au long de ce chemin, une discrète source de lumière. - *Sacha*

"Où que me mènent mes voyages, le paradis est là où je me trouve."

- Voltaire

Sommaire

Introduction

Cet ouvrage explore la manière dont le mouvement façonne notre manière de penser, d'apprendre et d'entrer en relation avec le monde. Le voyage influence nos présupposés, notre attention et nos comportements, et ces transformations prennent une importance particulière dans un contexte de changements mondiaux rapides.

Regard sur l'avenir – Le voyage analyse la manière dont le voyage s'articule avec l'identité, la cognition, la technologie et l'adaptation. Il s'appuie sur les neurosciences, la psychologie et les recherches sur la mobilité internationale, tout en proposant des repères pratiques pour les voyageurs d'aujourd'hui, qu'ils explorent pour leur développement personnel, qu'ils travaillent dans des contextes interculturels ou qu'ils conçoivent des expériences de voyage pour autrui.

Tout au long de cet ouvrage, le style d'écriture associe réflexions philosophiques, conseils pratiques et apports issus des sciences cognitives afin de montrer comment le mouvement influence l'état d'esprit. Lorsque nous parlons de voyage dans ce livre, il ne se limite pas aux vacances ou aux loisirs. Il englobe toutes ses formes, des courts séjours à la mobilité de longue durée, y compris les expériences des voyageurs d'affaires, des nomades numériques et des personnes évoluant entre plusieurs cultures. Il interroge la manière dont le voyage peut nous aider à mieux nous comprendre nous-mêmes et à comprendre les autres, ainsi que la façon dont nous pouvons l'aborder avec davantage de curiosité, de responsabilité et d'intention.

La manière dont nous nous déplaçons dans le monde façonne notre manière de penser. Chaque frontière que nous franchissons, culturelle, géographique ou numérique met à l'épreuve nos certitudes, transforme nos croyances et réoriente notre attention. Le voyage développe la conscience de soi et du monde. Il aiguise l'attention, rompt avec les routines, en crée de nouvelles et révèle ce qui passe souvent inaperçu dans les environnements familiers. À l'ère des mutations rapides, ces changements de perception sont essentiels. Ils influencent notre façon d'apprendre, de diriger, de créer des liens et de prendre des décisions.

Aujourd'hui, le voyage est devenu un moyen privilégié pour découvrir et tenter de comprendre d'autres cultures, bien au-delà des itinéraires et des passeports. La capacité à voyager de manière consciente est de plus en plus liée à la connaissance de soi, à l'humilité culturelle, à la responsabilité écologique et à l'agilité psychologique. Le retour sur investissement de ce type de voyage ne se mesure pas en kilomètres, mais en perspective, en résilience et en profondeur relationnelle, des qualités qui définissent le leadership contemporain, la citoyenneté mondiale et l'intelligence émotionnelle. À mesure que le voyage devient plus encadré, plus confortable et plus marchandisé, ce livre nous invite à considérer le mouvement comme une discipline, capable de favoriser l'expansion intérieure et de nous inciter à laisser les lieux, les relations et les communautés dans un meilleur état que celui dans lequel nous les avons trouvés, plutôt que de le réduire à un simple acte de consommation.

Les expériences partagées, qu'elles soient vécues en famille, entre amis, entre collègues ou avec d'autres chercheurs de sens, se trouvent au cœur de cette évolution. Voyager aux côtés des autres remet en question nos certitudes, met notre empathie à l'épreuve et approfondit notre compréhension des autres et des dynamiques humaines qui rendent possible l'intelligence collective. Les histoires que nous construisons ensemble deviennent le socle de la connexion, de la confiance et de l'intelligence collective. Le voyage devient alors non seulement un vecteur de transformation personnelle, mais aussi de transformation sociale.

Alors que le voyage moderne privilégie de plus en plus la facilité, l'efficacité et les expériences scénarisées, nous risquons de perdre la résilience qui naissait autrefois de la confrontation à l'inconnu. Le confort peut nous protéger des expériences mêmes qui développaient jadis notre courage, notre créativité et notre capacité d'adaptation. Un état d'esprit tourné vers l'avenir nous invite à dépasser la certitude programmée et à raviver notre volonté de rencontrer l'inattendu, d'accepter la surprise, le dialogue et parfois même l'inconfort, au service de notre croissance.

Réflexions pour le lecteur

En entrant dans cet ouvrage, prenez le temps de réfléchir à la manière dont vos déplacements, qu'il s'agisse d'un grand voyage ou d'une escapade le temps d'un week-end, ont façonné la personne que vous êtes devenue. Interrogez-vous :

- Est-ce que je voyage pour consommer ou pour me transformer ?

- Comment est-ce que j'évalue la valeur d'un voyage ?

- À quels moments est-ce que j'accepte l'incertitude lorsque je voyage, et à quels moments est-ce que je l'évite ?

- Est-ce que je laisse les lieux et les personnes dans un meilleur état grâce à ma présence ?

- Qui est-ce que je deviens lorsque je chemine aux côtés des autres ?

Ces questions ne concernent pas seulement le voyage, elles concernent la vie elle-même. Laissez-les vous guider au fil des pages qui suivent.

PARTIE 1

Le sens du voyage

"Tous ceux qui errent ne sont pas perdus."

J.R.R Tolkien

Pourquoi voyageons-nous ? Par le passé, cette question trouvait souvent une réponse simple : pour se reposer, s'évader, découvrir un lieu, permanent ou temporaire, que l'on pouvait appeler « chez soi ». Ou encore pour satisfaire une curiosité envers d'autres horizons, d'autres cultures, d'autres pays ou des destinations particulières. Mais dans un monde de plus en plus façonné par la mobilité mondiale, l'identité numérique et l'évolution des valeurs culturelles, les raisons qui nous poussent à nous déplacer et ce que nous recherchons à travers le voyage sont aujourd'hui plus complexes que jamais. Cette section explore les forces profondes qui sous-tendent notre désir d'explorer, révélant comment l'acte de voyager est passé d'un simple déplacement physique à un outil de développement psychologique, de construction et d'évolution de l'identité, et de préparation à l'avenir.

Dans ces premiers chapitres, nous explorons l'élan humain vers le mouvement, en retraçant ses origines depuis nos racines évolutives et nos premières migrations jusqu'aux motivations complexes qui guident les voyageurs contemporains. À travers les recherches en psychologie, en neurosciences et en sociologie, nous analysons pourquoi la nouveauté stimule le cerveau, comment la curiosité a favorisé les échanges culturels et pourquoi l'inconfort peut devenir un catalyseur de transformation. Le voyage est bien plus qu'une simple pause dans la routine. Il constitue l'un des leviers les plus puissants dont nous disposons pour développer notre état d'esprit et instaurer de nouvelles habitudes, ou réajuster celles qui existent. Nous examinons également le lien croissant entre le voyage et l'identité. Dans un monde globalement connecté, être voyageur fait souvent partie de la manière dont les individus se définissent, non seulement par les lieux qu'ils ont visités, mais aussi par les transformations qu'ils ont vécues. À travers la narration numérique, la présence sur les réseaux sociaux ou la quête d'une citoyenneté mondiale, le récit du voyageur devient de plus en plus un témoignage public de son évolution personnelle. Cela soulève des questions essentielles.

Le voyage concerne-t-il encore les lieux, ou est-il devenu une projection de soi ? Peut-il encore être porteur de transformation lorsqu'il est marchandisé ? Enfin, nous remettons en question l'approche conventionnelle de la « bucket list », un modèle fondé sur l'accumulation, le volume, la validation sociale et le statut perçu. Alors que les réalités mondiales évoluent sous l'effet du climat, de l'accessibilité et de la saturation numérique, nous proposons un autre cadre de référence, qui privilégie la présence à la performance, l'intention à l'itinéraire. Nous explorons comment le voyage peut passer d'une liste de contrôle transactionnelle, souvent dictée par autrui, à une pratique de transformation personnelle, alignée sur les valeurs, les relations et la capacité d'adaptation.

Dans cette première partie, les lecteurs sont invités à examiner leurs propres motivations à voyager, à questionner les présupposés du tourisme moderne et à s'ouvrir à une relation plus riche et plus significative avec le mouvement. Le voyage change, non seulement dans ses destinations, mais aussi dans ses motivations. Comprendre cette évolution constitue la première étape vers le développement d'un état d'esprit adapté à un monde où la mobilité, l'identité et les liens deviennent de plus en plus fluides. Cet état d'esprit a une importance non seulement personnelle, mais aussi stratégique. Les voyageurs qui cultivent la curiosité, l'intelligence émotionnelle, la compétence interculturelle et la présence retirent des bénéfices bien au-delà des souvenirs et du plaisir. Le retour sur investissement du voyage conscient se manifeste dans l'adaptabilité, la créativité, la résilience, les capacités de leadership et la profondeur relationnelle. Dans un monde où l'attention et la perspective constituent des avantages compétitifs, ceux qui voyagent avec intention sont mieux armés pour naviguer dans l'incertitude, collaborer entre cultures et contribuer de manière réfléchie à un avenir mondial partagé.

Pourquoi nous voyageons

Le mouvement fait partie de ce que nous sommes. Bien avant l'aviation, avant les cartes, et même avant l'écriture, les êtres humains étaient déjà en déplacement. À travers les déserts et les montagnes, les océans et les générations, nous avons avancé. Parfois par nécessité, à la recherche de nourriture, fuyant le danger, suivant les saisons. Parfois par instinct, poussés par une agitation intérieure qu'aucun village ni aucune frontière ne pouvait contenir. Le voyage, dans ses formes les plus anciennes, relevait avant tout de la survie. Mais déjà, il y avait autre chose. Quelque chose de plus difficile à expliquer, mais profondément humain, un attrait intérieur puissant pour l'inconnu.

Aujourd'hui, nous voyageons pour de multiples raisons. Pour le loisir, l'apprentissage et le frisson de l'inconnu. Nous construisons des itinéraires, prenons des photos, recherchons des expériences, mais sous la commodité des transports modernes demeure la même impulsion ancestrale d'explorer, de grandir et d'élargir les frontières de ce que nous connaissons. Le voyage, dans ce sens, est plus qu'un déplacement dans l'espace. Il est un déplacement dans la perception, l'identité et la compréhension. Pour comprendre pourquoi nous voyageons, il faut d'abord se tourner vers notre passé évolutif.

D'un point de vue biologique, l'élan vers l'exploration de nouveaux territoires augmentait autrefois nos chances de survie. Les psychologues évolutionnistes suggèrent que l'être humain a développé un équilibre entre deux tendances opposées, la néophobie, la peur de la nouveauté, et la néophilie, l'attirance pour celle-ci. Si un excès de prise de risque pouvait être fatal, une certaine recherche de nouveauté offrait des avantages : nouvelles sources de nourriture, meilleurs abris, nouveaux partenaires et territoires plus sûrs. Ceux qui osaient s'aventurer au-delà du familier trouvaient parfois les ressources nécessaires pour survivre, puis prospérer. Cet équilibre demeure présent en nous aujourd'hui.

Même si nos environnements ont changé, notre cerveau a peu évolué depuis l'ère paléolithique. Les mêmes circuits qui évaluaient autrefois s'il valait la peine d'entrer dans une vallée inconnue nous aident aujourd'hui à décider de réserver un vol vers un autre continent, de changer de carrière ou de nous immerger dans une culture étrangère. Nous sommes toujours programmés pour évaluer, explorer et apprendre au-delà de nos zones de confort. Cette quête de l'inconnu est également ancrée dans notre développement psychologique.

La pyramide des besoins de Maslow, l'un des cadres les plus durables de la motivation humaine, place l'accomplissement de soi, la quête de sens, de croissance et de réalisation, au sommet des aspirations humaines. Une fois les besoins fondamentaux satisfaits, les individus recherchent souvent des expériences qui leur permettent de s'épanouir sur les plans émotionnel et intellectuel. Le voyage, lorsqu'il est vécu avec intention, répond à ce besoin. Il offre de nouvelles perspectives, exige de l'adaptabilité et favorise les liens. Il nourrit non seulement notre curiosité, mais aussi notre désir de devenir pleinement nous-mêmes.

À mesure que le voyage est devenu plus sûr et plus accessible à un nombre croissant de personnes, sa signification a souvent évolué. Dans les sociétés anciennes, les déplacements étaient fréquemment liés au pèlerinage, un mouvement physique reflétant une quête spirituelle. Du chemin de Saint-Jacques-de-Compostelle au pèlerinage à La Mecque, ces parcours sacrés mettaient l'accent sur l'humilité, la réflexion, la conscience de sa place dans la nature et la transformation. Le chemin était la leçon, et l'épreuve n'était pas évitée, mais acceptée.

À l'inverse, une grande partie de l'industrie du voyage contemporaine met l'accent sur le confort et la consommation. Les destinations sont commercialisées, les expériences compressées et standardisées, et l'efficacité est valorisée. Pourtant, même dans ce paysage moderne, les motivations profondes persistent. Les individus continuent de rechercher du sens et de vouloir évoluer.

D'un point de vue sociologique, le voyage a également été un moyen d'explorer son identité. Au XIXe et début du XXe siècle, le « Grand Tour » constituait un rite de passage pour les élites européennes, permettant aux jeunes hommes, puis aux femmes, de cultiver leur raffinement par l'exposition à l'art, aux langues et aux cultures. Aujourd'hui encore, le voyage façonne notre regard sur nous-mêmes et sur l'image que nous souhaitons projeter. Qu'il s'agisse d'une année de césure, d'un congé sabbatique ou d'un voyage en sac à dos en solitaire, le déplacement devient un outil narratif, une manière de réécrire ou de redécouvrir son histoire. Cette dimension est particulièrement marquée à l'ère des réseaux sociaux, où les expériences sont partagées et mises en scène pour un public. Le voyage devient alors une forme d'expression de soi, un reflet de nos valeurs, de nos aspirations et de notre sentiment d'appartenance. Mais il remplit également des fonctions cognitives et émotionnelles qui dépassent la question de l'identité.

Sur le plan neurologique, la nouveauté stimule les centres de récompense du cerveau, libère de la dopamine et accroît l'engagement. Les nouveaux environnements et les expériences inattendues perturbent nos automatismes, interrompent la pensée routinière et nous obligent à être plus attentifs. Nous observons davantage, écoutons plus finement et devenons plus présents. À bien des égards, le voyage offre une forme de réinitialisation neurologique, nous permettant de rompre avec des schémas établis et de renouer avec un sentiment d'émerveillement souvent émoussé par la routine.

Ce sentiment d'émerveillement, parfois appelé « envie de voyage » ou « *wanderlust* », est à la fois une émotion et une fonction. Il ne s'agit pas d'un désir de fuite, mais d'une aspiration à apprendre, à grandir et à rencontrer le monde d'une manière qui élargit notre pensée. Les recherches sur l'émerveillement et la flexibilité cognitive montrent que l'exposition à des expériences vastes, inconnues ou profondément belles élargit nos modèles mentaux. Nous devenons moins rigides, plus ouverts et mieux préparés à gérer la complexité.

C'est là la véritable valeur du voyage à l'époque moderne, non comme simple divertissement, mais comme forme d'éducation. Il convient toutefois de se demander si tout voyage est intrinsèquement porteur de sens. La réponse est non. Le mouvement, à lui seul, ne garantit pas la croissance. Pour qu'un voyage soit transformateur, il exige de l'intention, de la réflexion et de la présence. Il nous demande d'aborder l'inconnu non comme de simples touristes, mais comme des apprenants prêts à être remis en question, à se tromper et à évoluer.

Dans les chapitres suivants, nous analyserons comment cette transformation du sens du voyage se manifeste aujourd'hui. Nous verrons comment le voyage façonne l'identité, comment la culture numérique redéfinit ce que signifie être voyageur, et pourquoi le modèle du tourisme fondé sur la « bucket list » ne répond plus aux réalités d'un monde en mutation. Mais avant d'aller plus loin, ce chapitre rappelle une vérité fondamentale. Nous voyageons parce que nous sommes humains. Et pour bien voyager demain, nous devons d'abord comprendre ce qui nous a toujours animés hier.

Le voyage contemporain soulève également une nouvelle question, préservons-nous l'esprit d'exploration ou l'anesthésions-nous ? La culture moderne du voyage récompense souvent la facilité, la prévisibilité et le confort scénarisé. Mais lorsque le déplacement devient trop contrôlé, nous risquons d'affaiblir les capacités mêmes que le mouvement est censé renforcer, l'adaptabilité, l'improvisation et le courage. Un état d'esprit tourné vers l'avenir considère le risque mesuré et l'inconfort modéré non comme des obstacles, mais comme des terrains d'apprentissage. En nous protégeant de l'incertitude, nous nous protégeons aussi de la croissance.

Le voyage comme identité

Entrer dans des lieux inconnus peut révéler des facettes inattendues de nous-mêmes. Loin des habitudes, des rôles et des repères du quotidien, l'identité devient plus visible, à la fois dans ce qui change et dans ce qui demeure. Pour beaucoup, le voyage offre des moments de contraste qui clarifient la manière dont ils se perçoivent, les lieux où ils se sentent appartenir et les récits qu'ils portent. Dans un monde façonné par le mouvement et la visibilité, ces instants influencent de plus en plus la façon dont chacun exprime ce qu'il est.

Ce chapitre explore la relation entre le voyage et l'identité, non comme un symbole de statut ou un rite de passage, mais comme l'une des nombreuses manières par lesquelles les individus réfléchissent à leur rapport à eux-mêmes, à la culture et au sens. Nous examinons comment les lieux et les déplacements façonnent le récit personnel, comment l'exposition à la différence influence la perception de soi, et comment, pour certains, le voyage devient une partie du langage par lequel ils expliquent ce qu'ils sont devenus.

La géographie demeure centrale dans la construction de l'identité. Le lieu de naissance, les espaces où nous vivons et les contextes culturels que nous traversons influencent profondément la manière dont nous nous comprenons et dont les autres nous perçoivent. Historiquement, ces liens étaient plus rigides. Le déplacement était rare, souvent risqué, et les voyageurs étaient considérés comme des étrangers, des commerçants, des pèlerins ou des errants. Aujourd'hui, ces frontières sont plus fluides. La technologie nous permet de voir au-delà des continents, les plateformes sociales nous offrent la possibilité de partager nos parcours en temps réel, et l'exposition internationale est devenue un marqueur d'éducation, d'adaptabilité et de statut. Le voyage est passé de la périphérie de la vie au centre de la manière dont beaucoup expriment leur sens, leurs valeurs et leur curiosité.

Ce changement repose sur des fondements psychologiques profonds. Comme le montre la cartographie de l'identité narrative, nous nous comprenons à travers les histoires que nous racontons sur notre vie, les lieux que nous avons traversés, les épreuves que nous avons surmontées et les transformations que nous avons vécues.

CARTE DE L'IDENTITÉ NARRATIVE

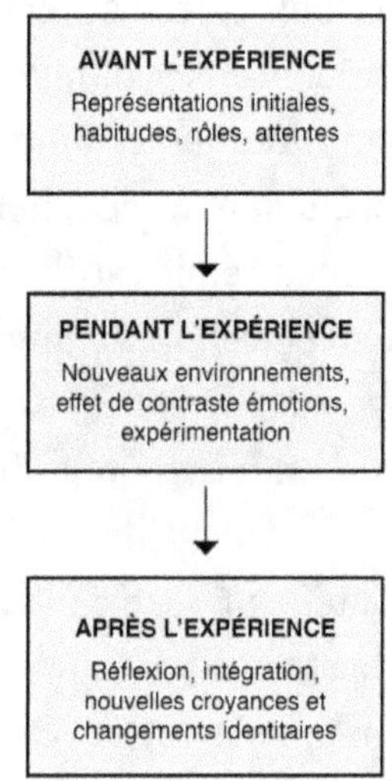

Le voyage se prête naturellement à cette construction narrative. Chaque déplacement devient un chapitre, chaque destination une métaphore. « L'été où je suis allé au Maroc », « Quand je vivais à Berlin », « Cette traversée de la Patagonie ». Ces récits sont bien plus que des souvenirs. Ce sont des outils de construction de soi. Ils nous aident à affiner et à donner de la cohérence à notre identité.

Le voyage agit également comme un catalyseur de l'exploration identitaire. Loin des routines et des attentes de nos environnements familiers, nous bénéficions d'une rare opportunité d'expérimentation. L'anonymat des lieux inconnus peut être libérateur. Sans les scénarios du quotidien, les titres professionnels, les cercles sociaux et les normes culturelles, nous disposons d'un espace pour essayer de nouvelles manières d'être. Cela peut aller de changements subtils, comme un autre rythme de vie, de nouveaux aliments ou des modes d'interaction différents, à des transformations profondes, comme la remise en question de ses valeurs, la redéfinition de ses objectifs ou la redécouverte d'une passion. De cette manière, le voyage offre non seulement un changement de décor, mais aussi une transformation du concept de soi.

Le cerveau joue un rôle central dans ce processus. Les environnements nouveaux activent les systèmes attentionnels, stimulant l'hippocampe, responsable de la formation de la mémoire, et le cortex préfrontal, impliqué dans la prise de décision et la réflexion sur soi. Lorsqu'on s'immerge dans des cultures différentes, on mobilise davantage un traitement cognitif conscient plutôt que des réponses habituelles. Cet état de vigilance accrue favorise la création de nouvelles connexions neuronales et renforce l'adaptabilité et la flexibilité nécessaires à l'évolution identitaire. Ces contextes stimulent également la production de dopamine, neurotransmetteur associé à la récompense et à la motivation, soutenant l'engagement et l'apprentissage dans l'inconnu. Le potentiel du voyage dans la construction de l'identité devient encore plus visible à l'ère numérique.

Les plateformes comme Instagram, YouTube et TikTok ont transformé le voyage en un espace performatif, un moyen de signaler qui nous sommes, ce que nous valorisons et comment nous souhaitons être perçus. Le « soi voyageur » est désormais façonné à travers photos, légendes, vidéos et récits. Le voyage devient à la fois une expérience et une marque personnelle. Il peut refléter une croissance authentique, mais aussi glisser vers une consommation mise en scène, où le déplacement sert de preuve de liberté, de sophistication ou de réussite. Cette dualité offre à la fois des opportunités et des risques. Partager ses expériences peut inspirer, créer du lien et susciter une réflexion plus profonde. Mais cela peut aussi déformer la réalité et renforcer l'idée que le voyage n'a de valeur que s'il est spectaculaire, esthétique ou visible publiquement. Il en résulte une pression, non seulement à voyager, mais à être un voyageur, doté de récits, d'images et de références validant un certain mode de vie. Dans ce contexte, la frontière entre exploration authentique et fabrication d'images devient floue. Pourtant, au-delà des filtres et des photographies, une vérité demeure, le voyage nous transforme réellement.

Lorsque nous nous immergeons dans d'autres cultures, nous sommes confrontés à des différences linguistiques, sociales, religieuses et politiques. Nous découvrons de nouvelles façons de penser, d'exister et de donner sens au monde. Ces moments de friction, où nous nous sentons désorientés, confus ou inconfortables, ne sont pas des échecs. Ils constituent la matière première de la croissance. Ils nous permettent de remettre en question notre identité et nos valeurs, souvent d'une manière impossible sans la distance qu'offre le voyage. Sur le plan psychologique, ces expériences mobilisent ce que les théoriciens du développement appellent un « moratoire identitaire », une période d'exploration sans engagement définitif, essentielle à la maturation identitaire, notamment lors des transitions.

Au-delà de l'exploration individuelle, le voyage crée également une forme temporaire mais puissante d'identité sociale. En entrant dans le rôle de « voyageur », nous intégrons une communauté éphémère, liée non par l'origine ou la nationalité, mais par le mouvement, la curiosité et le déplacement partagé. Pendant un temps, des inconnus deviennent des compagnons parce que nous nous reconnaissons les uns les autres non par notre provenance, mais par le fait que nous venons tous d'ailleurs. Les recherches en psychologie sociale montrent que même une appartenance temporaire à un groupe peut avoir des effets bénéfiques, favorisant la confiance, l'ouverture et l'influence mutuelle. À l'image d'une thérapie de groupe, ces communautés transitoires fonctionnent non parce que les individus se transforment directement entre eux, mais parce qu'un sentiment de « nous » émerge, créant une sécurité psychologique et un objectif partagé d'apprentissage et d'évolution. Ainsi, le voyage offre une forme de réflexion collective et de soutien identitaire, où le terrain commun et le sentiment d'appartenance sont éphémères mais significatifs, et où la croissance se construit dans la communauté plutôt que dans l'isolement.

L'adaptation à de nouveaux environnements sollicite et renforce les fonctions exécutives du cerveau, notamment celles liées à la régulation émotionnelle et à la cognition sociale. L'engagement interculturel favorise en particulier le développement de l'empathie. Les interactions avec des communautés diverses activent le système des neurones miroirs, qui nous aide à comprendre les émotions et les points de vue d'autrui, approfondissant à la fois l'intelligence relationnelle et l'humilité culturelle. Cette transformation est particulièrement importante dans un monde confronté à des enjeux identitaires à l'échelle globale. À une époque marquée par la polarisation, le nationalisme et les incompréhensions culturelles, le voyage, lorsqu'il est vécu comme une immersion plutôt que comme une consommation, constitue un puissant levier de développement de l'empathie. Il nous rappelle que, malgré nos différences apparentes, l'expérience humaine est profondément partagée. Nous rions, nous souffrons, nous luttons, nous rêvons. Et lorsque nous créons des liens au-delà des frontières géographiques, linguistiques et culturelles, nous élargissons non seulement notre conscience, mais aussi notre capacité de relation. Cela devient une part intégrante de ce que nous sommes.

Pour certains, le voyage devient un pilier central de l'identité. Le nomade numérique, l'expatrié, le routard, l'anthropologue culturel construisent chacun un mode de vie fondé sur le mouvement, mêlant souvent travail, passion et exploration. Pour d'autres, le déplacement constitue une remise à zéro temporaire, une manière de s'extraire du bruit ambiant pour revenir avec davantage de clarté.

Quelle que soit sa forme, la question n'est pas de savoir si le voyage façonne l'identité, car il le fait toujours, mais de déterminer dans quelle mesure nous en sommes conscients et dans quel but. En poursuivant cet ouvrage, ce chapitre invite les lecteurs à réfléchir à leur propre identité de voyageur. Quel rôle le mouvement a-t-il joué dans la construction de ce que vous êtes ? Comment vos expériences loin de chez vous influencent-elles vos valeurs, vos relations et vos aspirations ? Voyagez-vous pour fuir ou pour évoluer ? Comment mieux accueillir les transformations identitaires que le voyage permet ?

En explorant ces questions, nous comprenons que l'identité n'est pas figée. À l'image du voyage lui-même, elle est dynamique, réactive et profondément influencée par les lieux et les manières dont nous choisissons de nous déplacer.

Tout comme le voyage façonne l'identité individuelle, il façonne aussi l'identité collective. Les parcours partagés avec des partenaires, des familles, des équipes ou des communautés peuvent devenir de puissants accélérateurs de confiance, de cohésion et de sens commun. Les expériences vécues ensemble favorisent la vulnérabilité, la résolution collective de problèmes et l'accord émotionnel. Elles créent également de nouveaux récits qui nous aident à interpréter le monde. Qu'il s'agisse d'un séminaire de développement du leadership, d'un voyage intergénérationnel ou d'une aventure spontanée entre amis, le mouvement partagé renforce l'intelligence relationnelle et crée une mémoire collective. Dans un monde fragmenté, voyager ensemble devient une pratique de présence partagée et d'appartenance.

Réinventer son identité

Le voyage offre quelque chose de subtil mais profondément transformateur, la possibilité de nous rencontrer en dehors de l'architecture de notre vie quotidienne. Lorsque nous entrons dans des environnements inconnus, nous sortons également des rôles et des attentes qui nous façonnent chez nous, parent, dirigeant, collègue, ami, personne en quête de performance, aidant, figure publique. La distance avec la routine devient une distance avec l'identité. Dans cet espace, la réinvention n'est pas seulement possible, elle est presque inévitable.

Les psychologues parlent de « l'effet de page blanche », qui survient lorsque le contexte change radicalement et que les schémas comportementaux et cognitifs se relâchent. Les circuits neuronaux qui régissent les habitudes et le concept de soi deviennent plus malléables. C'est pourquoi certaines personnes se sentent à l'étranger plus confiantes, plus curieuses, plus ouvertes, voire plus authentiques. Le voyage interrompt les boucles de rétroaction qui renforcent l'image que nous avons de nous-mêmes. Libérés des miroirs familiers qui nous renvoient sans cesse notre identité, nous découvrons des versions de nous-mêmes jusque-là endormies ou contraintes.

À l'étranger, l'identité devient exploratoire et élastique. Dans l'anonymat d'une nouvelle ville ou d'une nouvelle culture, nous testons nos limites, nous nous exprimons avec plus d'assurance, nous nous habillons autrement, nous disons plus souvent oui et nous ralentissons d'une manière que la vie quotidienne permet rarement. Nous découvrons que certaines parties de nous que nous pensions immuables sont en réalité contextuelles. Le soi devient un paysage à explorer plutôt qu'une destination à protéger. Cela ne signifie pas abandonner ce que nous sommes, mais reconnaître que nous sommes plus pluriels, plus complexes et plus capables de devenir que ne le permet la routine.

La réinvention à l'étranger n'est pas une fuite. Elle ne consiste pas à construire des versions fantasmées de soi, ni à éviter ses responsabilités ou ses appartenances. Sa véritable force réside dans le fait de revenir chez soi avec les fragments de soi découverts ailleurs et de les intégrer consciemment. La croissance n'est pas la mise en scène d'une nouvelle identité, mais l'expansion d'une identité plus authentique. Le voyage nous offre la rare opportunité d'expérimenter le possible, puis d'en inscrire les enseignements dans l'architecture de nos vies. Paradoxalement, nous devenons davantage nous-mêmes en nous éloignant des lieux qui nous définissaient autrefois.

Voyager ainsi, c'est utiliser le mouvement comme un miroir plutôt que comme un masque. L'objectif n'est pas la réinvention de la nouveauté, mais une transformation ancrée dans la conscience de soi. Chaque nouvel environnement devient un laboratoire identitaire, révélant qui nous sommes lorsque les attentes disparaissent, et qui nous pouvons devenir lorsque la curiosité nous guide. En ce sens, le voyage ne nous change pas, il nous présente à nous-mêmes, puis nous invite à choisir la suite.

La fin de la « bucket list »

Pendant des décennies, la « bucket list » a servi de raccourci culturel pour exprimer l'ambition et l'aspiration. Elle repose sur l'idée que la vie est un parcours fini et qu'il faut donc accumuler des expériences extraordinaires avant que le temps ne nous manque. Pour de nombreux voyageurs, cela s'est traduit par une liste de destinations incontournables, voir la tour Eiffel illuminée la nuit, le Machu Picchu à l'aube, les aurores boréales en Islande.

Ces moments emblématiques, souvent beaux et émouvants, se sont progressivement intégrés à un récit plus large du voyage comme accomplissement, une succession de validations à cocher, documenter et partager. Mais à mesure que notre compréhension du voyage évolue, les limites de cette approche apparaissent de plus en plus clairement.

Ce chapitre remet en question la mentalité de la liste et propose une manière plus consciente et fondée sur les valeurs d'envisager le voyage. Nous analysons comment la marchandisation de l'expérience, combinée aux pressions des réseaux sociaux et au modèle consumériste du tourisme moderne, a façonné une vision déformée de ce que signifie réellement explorer. Nous interrogeons ainsi l'idée selon laquelle la quantité équivaudrait à la valeur, que davantage de pays, de sites et de photos conduirait automatiquement à une croissance personnelle. Au cœur de la logique de la bucket list se trouve la psychologie de la poursuite et de l'atteinte des objectifs.

Selon la théorie de l'autodétermination, les objectifs porteurs de sens sont ceux qui répondent à nos besoins fondamentaux, la curiosité, la connexion et le sens personnel. Pourtant, le voyage fondé sur la bucket list repose largement sur des motivations extrinsèques. La liste devient une structure extérieure qui guide le comportement non par la présence ou l'intuition, mais par une ambition prédéfinie et par la pression normative du groupe ou le désir d'y appartenir. Si l'atteinte de ces objectifs peut procurer une satisfaction temporaire, elle ne conduit pas nécessairement à une transformation durable lorsqu'elle n'est pas reliée aux valeurs profondes et au contexte du voyageur.

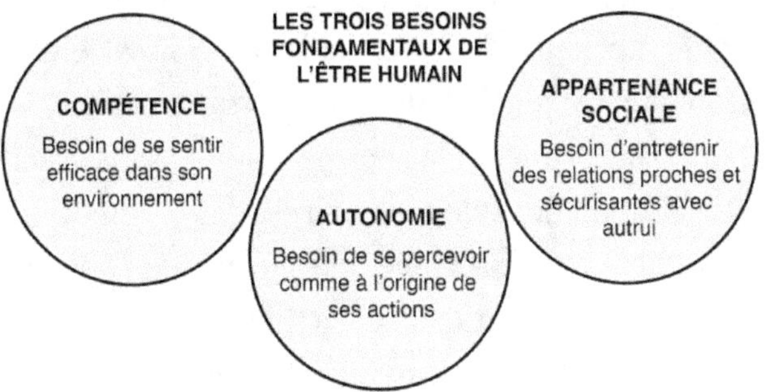

Les études en neurosciences montrent que la nouveauté et l'anticipation jouent un rôle majeur dans notre expérience du plaisir. Planifier un voyage, l'imaginer et s'en réjouir active les circuits de la récompense, notamment par la libération de dopamine. Cependant, la recherche répétée de moments « culminants », d'un panorama spectaculaire à l'autre, peut mener à ce que les psychologues appellent l'adaptation hédonique. Dans certains cas, ce schéma peut même ressembler à une forme de dépendance comportementale, où la quête de stimulation devient compulsive plutôt qu'intentionnelle.

Avec le temps, l'impact émotionnel de ces expériences diminue, surtout lorsque le voyageur recherche sans cesse la prochaine montée d'adrénaline. L'excitation liée au prochain élément à cocher devient addictive, mais une fois atteinte, son effet sur le sentiment de soi s'atténue. Cela peut conduire à un cycle de poursuite sans véritable satisfaction, dans lequel la résonance émotionnelle d'un lieu est sacrifiée au profit de sa valeur photographique ou sociale. La thérapie par le shopping constitue une autre manifestation de ce type de comportement dans la vie quotidienne.

De plus, la bucket list nous oriente vers les résultats plutôt que vers les processus de compréhension, de curiosité, d'apprentissage et d'intégration. Elle valorise le fait d'avoir été quelque part plutôt que d'y être réellement. Elle privilégie l'achèvement à la connexion. Dans ce cadre, le voyage devient une forme d'accumulation, de récits, de tampons et d'expériences, plutôt qu'un engagement réel. Cette mentalité peut aplatir nos vécus, rendant même les lieux les plus extraordinaires interchangeables. Une cascade en Islande devient une simple coche. Un temple sacré à Bali devient un décor.

Nous risquons ainsi de perdre non seulement la profondeur, mais aussi la capacité à être transformés. À l'inverse, le modèle psychologique du traitement expérientiel repose sur une immersion dans le moment présent, attentive aux dimensions sensorielles, émotionnelles, historiques et relationnelles de l'expérience. Ce mode d'engagement est associé à un plus grand bien-être et à une mémorisation plus profonde. Il suppose de ralentir, de lâcher prise et de s'ouvrir à ce qui émerge. En voyage, cela peut signifier rester plus longtemps dans un même lieu, échanger avec les habitants ou accepter des détours imprévus. Cela ne produit pas toujours une photo parfaite, mais conduit souvent à des transformations plus durables et plus significatives.

Le problème n'est pas le désir de voir des lieux beaux ou emblématiques. Ce désir est humain et légitime. La difficulté réside plutôt dans une mentalité de consommation qui traite ces lieux comme des produits plutôt que comme des environnements vivants et dynamiques. La bucket list renforce un modèle de voyage extractif plutôt que réciproque. Elle positionne le voyageur comme un collectionneur plutôt que comme un participant. Cette dynamique se retrouve souvent dans des formes de voyage très encadrées, comme les complexes hôteliers ou les bulles touristiques isolées, où le confort et la prévisibilité limitent l'engagement authentique. Ce modèle favorise peu l'empathie, le respect et la responsabilité, des qualités pourtant essentielles dans un monde interconnecté.

Dépasser la bucket list ne signifie pas renoncer à l'ambition ni aux rêves. Il s'agit de redéfinir l'ambition en termes de croissance, de lien et de contribution. C'est se poser des questions plus profondes, pourquoi ai-je envie d'aller là-bas, qu'est-ce que j'espère apprendre, comment vais-je m'engager au-delà de la photographie. Cela implique également un passage du spectaculaire au significatif, de la chasse aux exploits rares à l'appréciation de la beauté ordinaire. Le matin paisible dans un café de village, la gentillesse inattendue d'un inconnu, la solitude d'une promenade dans des rues inconnues. Ces moments, souvent absents des listes, sont souvent ceux qui nous marquent le plus.

Cette réorientation rejoint des tendances plus larges en psychologie et en éducation qui valorisent le processus plutôt que le résultat. Elle fait écho à l'essor de la pleine conscience, d'un mode de vie plus lent et du design intentionnel. En voyage, cela peut signifier choisir la profondeur plutôt que l'étendue, rester curieux plutôt que conclusif, et se concentrer moins sur ce que nous avons fait que sur ce que nous avons observé, ressenti et compris.

L'avenir du voyage exige une approche plus réfléchie. Le changement climatique, la sensibilité culturelle et la santé mentale des voyageurs plaident en faveur d'un modèle plus lent, plus intentionnel et plus conscient. Aller au-delà de la bucket list ne signifie pas abandonner ses rêves, mais les choisir avec plus de discernement et les vivre plus pleinement. Ce faisant, nous permettons au voyage de devenir ce qu'il a toujours pu être, non seulement un déplacement à travers des paysages, mais un voyage intérieur plus profond.

Cette évolution s'inscrit également dans un besoin mondial plus large, passer d'un tourisme extractif à un tourisme régénératif. Le voyage conscient ne demande pas seulement « Que va m'apporter ce lieu ? », mais aussi « Quel sera l'impact de ma présence sur ce lieu, socialement, culturellement et écologiquement ? ». Le voyage régénératif n'est ni une charité ni un tourisme fondé sur la culpabilité. Il repose sur la réciprocité. Il consiste à apprendre des communautés plutôt qu'à les consommer, à participer plutôt qu'à simplement traverser, et à laisser les écosystèmes et les cultures en meilleur état grâce à notre engagement. Les petits choix, la lenteur, le soutien aux économies locales et l'attention respectueuse deviennent des actes de préservation. Les voyageurs évoluent alors de simples preneurs vers des partenaires engagés dans la protection du monde qu'ils explorent.

La valeur du voyage intentionnel

Si la bucket list représente l'accumulation, le voyage intentionnel incarne la conscience. Il nous fait dépasser l'idée du voyage comme accomplissement pour nous orienter vers un voyage comme alignement entre notre paysage intérieur et le monde que nous choisissons de rencontrer. Il ne nous demande pas seulement où nous voulons aller, mais aussi qui voulons-nous devenir à travers ce parcours.

Au cœur du voyage intentionnel se trouve une philosophie de l'attention. Elle reconnaît que la qualité d'une expérience ne dépend ni de son ampleur ni de son caractère spectaculaire, mais de la présence. Un lever de soleil observé avec attention peut être plus porteur de sens qu'une merveille du monde vue dans la précipitation. Une seule conversation menée avec ouverture peut nous transformer davantage qu'une dizaine de photographies. L'intention transforme le mouvement en signification.

Voyager avec intention, c'est considérer chaque déplacement comme un dialogue. Avec le lieu. Avec l'histoire. Avec la communauté. Avec soi-même. Plutôt que de consommer des destinations, nous y entrons avec curiosité, humilité et réciprocité. Nous écoutons avant de supposer. Nous observons avant de conclure. Nous nous demandons ce que ce lieu attend de nous, et non seulement ce que nous pouvons en tirer. Ce changement n'est pas subtil. Il transforme tout. Il modifie notre manière de planifier, de nous déplacer et de nous souvenir.

Lors de la préparation, l'intention redéfinit le choix. Au lieu de nous tourner automatiquement vers des lieux à la mode ou des désirs empruntés, nous faisons une pause.

Nous nous demandons :

- Qu'est-ce qui m'appelle et pourquoi ?

- Quel besoin profond ou quelle aspiration se cache derrière cette destination ?

- Ce voyage relève-t-il de la fuite, de l'expansion, de la guérison, du sentiment d'appartenance, de la curiosité ou du repos ?

Les recherches en psychologie montrent que lorsque les expériences sont reliées à un sens personnel, nous nous engageons plus profondément, apprenons plus pleinement et intégrons plus durablement nos souvenirs. L'intention prépare la perception. Elle agit comme une boussole, orientant notre attention vers ce qui compte vraiment. Le voyage devient alors moins une échappatoire qu'une rencontre, à la fois extérieure et intérieure.

Pendant le voyage, l'attention consciente transforme notre comportement. Nous ralentissons. Nous percevons les nuances. Nous acceptons l'incertitude plutôt que de vouloir tout contrôler. Nous faisons place à la texture d'un lieu, à son rythme, à sa tonalité et à ses couches invisibles. Au lieu de courir après une liste, nous laissons de l'espace à ce qui ne peut être prévu, la sérendipité, l'invitation, la surprise, le défi. Nous faisons confiance au fait qu'une partie du chemin ne se révèle que lorsque nous sommes suffisamment disponibles pour l'accueillir.

Ce type de voyage invite également à une responsabilité personnelle. Nous prenons en compte notre empreinte, non seulement écologique, mais aussi émotionnelle et culturelle. Nous soutenons les économies locales, respectons les coutumes et choisissons des expériences qui élèvent plutôt qu'elles n'exploitent. Nous nous présentons non comme des spectateurs, mais comme des invités respectueux.

Surtout, le voyage intentionnel approfondit ce que nous rapportons avec nous. Sans intention, le voyage devient une archive de souvenirs, de récits, de photos, de fragments. Avec intention, il devient intégration, enseignements, transformations, nouvelle manière d'être. Nous rentrons chez nous non seulement enrichis, mais réorganisés intérieurement. Quelque chose s'est élargi. Quelque chose d'inutile s'est détaché. Un fil de compréhension commence à influencer notre manière de vivre, de diriger, de nous relier aux autres et de décider.

Le voyage devient une pratique, non un simple événement. Et lorsqu'il devient une pratique, il transforme notre quotidien. Nous commençons à aborder notre environnement familier avec la même curiosité que celle que nous réservions autrefois à l'ailleurs. Le connu retrouve sa profondeur. Nous observons. Nous questionnons. Nous apprécions. Nous traversons nos routines avec plus d'intention, de patience et de respect. Le voyage cesse d'être quelque chose dans lequel nous entrons et sortons. Il devient un état d'esprit que nous portons en nous.

Ainsi, le voyage intentionnel ne s'oppose pas à l'aventure, il la raffine. Il ne réduit pas l'ambition, il l'enracine. Il ne rejette pas l'exploration, il en élargit le sens. Il nous rappelle que l'émerveillement n'est pas une marchandise, que l'admiration ne se coche pas sur une liste, et que l'appartenance ne s'achète pas. Il nous invite à être pleinement présents, à offrir toute notre présence au monde et à laisser celui-ci nous façonner en retour. Il reconnaît que le voyage n'est pas seulement un déplacement dans l'espace, mais un mouvement intérieur.

À une époque où les déplacements peuvent être instantanés, mécaniques et extractifs, le voyage intentionnel constitue un acte de résistance. Il rejette l'approche précipitée, scénarisée et performative des lieux, et choisit la profondeur plutôt que la densité, la présence plutôt que la mise en scène, et la transformation plutôt que l'accumulation.

Il nous rappelle que le voyage porteur de sens ne se mesure ni à la distance, ni au prestige, ni au nombre de lieux visités en peu de temps, mais à l'attention, à la réciprocité et à l'évolution intérieure. Les parcours les plus précieux ne sont pas ceux qui nous emmènent le plus loin, mais ceux qui nous rapprochent le plus des lieux, des personnes et de ce que nous sommes en train de devenir.

Le voyage régénératif

Si le voyage intentionnel nous invite à nous interroger sur les raisons de nos déplacements, le voyage régénératif nous amène à réfléchir à la manière dont nous repartons. Il nous conduit au-delà de l'idée de simplement « marcher avec légèreté » pour adopter la pratique consistant à laisser les lieux dans un meilleur état qu'à notre arrivée, sur le plan social, culturel, environnemental et relationnel. Il transforme le voyage, d'une quête personnelle, en une responsabilité partagée, reconnaissant que chaque déplacement crée des répercussions dans les écosystèmes et les communautés que nous traversons.

Le voyage régénératif commence par l'humilité. Il suppose de se souvenir que nous entrons dans des histoires qui existaient bien avant nous. Chaque lieu porte une mémoire, une lignée, un rythme et une fragilité. Le parcourir est un privilège qui s'accompagne d'une responsabilité, non seulement de protéger, mais aussi d'enrichir, d'élever et de contribuer. Nous arrivons non comme des consommateurs, mais comme des gardiens temporaires.

Cet état d'esprit redéfinit notre présence. Plutôt que de demander « Que peut m'apporter ce lieu ? », les voyageurs régénératifs se demandent « Comment ma présence peut-elle contribuer à l'épanouissement de ce lieu, de ses habitants, de ses terres, de sa culture et de son avenir ? ». La contribution ne prend pas toujours des formes spectaculaires. Elle réside souvent dans des micro-actes de respect, de curiosité, de responsabilité et de réciprocité. Dans la manière dont nous écoutons. Dans les entreprises que nous soutenons. Dans la patience que nous cultivons. Dans les conversations que nous menons. Dans les récits que nous partageons à notre retour et dans la façon dont nous choisissons de les raconter.

Voyager de manière régénérative, c'est reconnaître l'interdépendance. Les destinations en bonne santé sont des systèmes vivants où s'entrelacent nature, culture, économie, identité, tradition, innovation et communauté. Lorsque l'un de ces éléments se fragilise, les autres en pâtissent. Le véritable voyage régénératif soutient cette symbiose. Il honore les savoirs autochtones, valorise la gouvernance locale, soutient le travail et la propriété, et comprend que la préservation culturelle est aussi essentielle que la protection écologique. Il transforme le tourisme en partenaire et en collaborateur plutôt qu'en perturbateur.

Cette approche s'oppose directement au tourisme extractif, qui traite les destinations comme des biens consommables et remplaçables, qui privilégie le volume à la profondeur et le spectacle à la substance. Le voyage régénératif nous invite à nous déplacer autrement, plus lentement, plus profondément, de manière plus relationnelle. À choisir moins de lieux, mais à les connaître davantage. À demander avant de photographier. À s'asseoir dans les cafés locaux. À écouter des histoires qui n'apparaissent jamais dans les guides. À apprendre les noms. À comprendre ce que les communautés célèbrent et ce qu'elles pleurent.

Le voyage régénératif ne s'achève pas au moment du départ. La manière dont nous revenons compte. Quels enseignements rapportons-nous chez nous ? Quelles habitudes modifions-nous ? Comment honorons-nous les leçons d'un lieu lorsque nous n'y sommes plus ? La régénération se poursuit dans notre manière de vivre, dans le soutien que nous apportons aux écosystèmes locaux, dans notre engagement auprès de communautés diverses, et dans la façon dont nous cultivons l'appartenance et le respect là où nous habitons. La régénération n'est pas seulement un acte lié au voyage, c'est une manière d'habiter le monde. Elle nous invite à considérer notre empreinte non seulement en kilomètres, mais en sens. À comprendre que nos vies, comme nos parcours, laissent des traces, et que nous avons le pouvoir d'en façonner la qualité.

À une époque où la mobilité mondiale offre à la fois un potentiel extraordinaire et des conséquences considérables, le voyage régénératif propose une boussole. Il nous oriente vers des pratiques qui soignent plutôt que blessent, qui relient plutôt que divisent, qui restaurent plutôt qu'elles n'épuisent. Il nous rappelle que le voyage n'est pas une fuite, mais un engagement. Non une indulgence, mais une interconnexion. Et que la véritable mesure d'un parcours ne réside pas dans ce que nous rapportons, mais dans ce que nous laissons derrière nous, compréhension, respect, dignité et une trace de bienveillance. Certaines des empreintes les plus précieuses sont, et seront, celles sur lesquelles nous aidons les autres à se tenir.

Le voyage comme privilège (Accessibilité, inégalités et responsabilité)

Le voyage ouvre la conscience, mais il n'offre pas les mêmes opportunités à tous. Il est façonné par l'accès, qu'il soit économique, politique, physique ou social. Si nous célébrons le voyage comme une source d'expansion, de curiosité et de croissance, nous devons aussi reconnaître que la liberté de se déplacer n'est pas universelle.

Tous les passeports ne se valent pas. Toutes les frontières n'accueillent pas de la même manière. La mobilité est une ressource inégalement répartie, héritée de l'histoire et profondément liée aux rapports de pouvoir.

Pour certains, voyager est un choix, qu'il s'agisse de vacances, d'un changement de domicile ou d'un parcours d'exploration personnelle. Pour d'autres, le déplacement est une migration forcée, un exil, une fuite face à la crise, une question de survie. Et pour beaucoup encore, le voyage demeure un rêve inaccessible. Cette réalité ne diminue pas la valeur du voyage, mais elle exige un voyageur conscient. Un voyageur qui perçoit le privilège non comme une source de culpabilité, mais comme une responsabilité. Qui se déplace avec humilité. Qui remarque qui est visible dans les récits de voyage et qui en est absent. Qui comprend que la liberté d'explorer est un don, non un dû.

Le privilège du voyage ne découle pas uniquement de situations personnelles. Il est façonné par de multiples niveaux d'influence, de la famille et de la communauté aux politiques nationales et aux structures de pouvoir mondiales. La théorie des systèmes écologiques permet de cartographier ces niveaux et de montrer comment la mobilité est déterminée par des forces bien au-delà du choix individuel.

THÉORIE DES SYSTÈMES ÉCOLOGIQUES

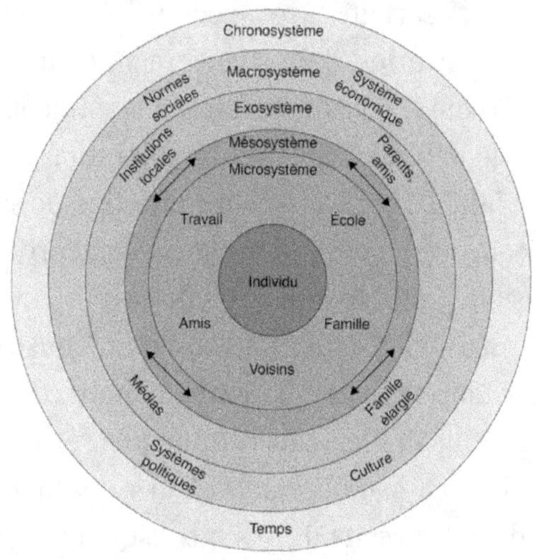

L'accessibilité dépasse également les seules questions économiques et administratives. Les capacités physiques, la neurodiversité, l'identité de genre et l'origine sociale influencent l'expérience du déplacement. La sécurité n'est pas ressentie de manière égale. Le confort n'est pas universel. L'exploration ne se vit pas de la même façon pour tous.

Voyager de manière consciente, c'est se demander :

- Qui le voyage inclut-il ? Qui exclut-il ?

- Comment rendre les déplacements plus équitables, et pas seulement plus efficaces ?

Nous ne pouvons pas démocratiser toutes les frontières ni effacer des siècles d'inégalités par la seule prise de conscience. Mais nous pouvons voyager avec intégrité, en choisissant des systèmes qui élèvent plutôt qu'ils n'exploitent, en soutenant les initiatives locales de mobilité, en défendant un accès inclusif et en reconnaissant les multiples dimensions du privilège dans nos parcours. Lorsque nous reconnaissons le voyage comme un privilège, nous le transformons de consommation à appréciation, de droit supposé en responsabilité, et de quête individuelle en possibilité partagée.

Le voyage devient alors non seulement une destination, mais une manière d'avancer vers un monde où la liberté de mouvement n'est plus un luxe, mais un droit fondamental.

Réflexions pour le voyageur conscient

Pour intégrer les idées de la Partie 1, prenez le temps de réfléchir :

- Quel est le véritable sens de mes choix de voyage ?

- Est-ce que je choisis mes destinations par curiosité ou par recherche de validation ?

- Où est-ce que je privilégie le confort au détriment de la croissance, et comment puis-je rééquilibrer cela ?

- Comment puis-je laisser les lieux, les cultures et les communautés dans un meilleur état qu'à mon arrivée ?

- Qui est-ce que je deviens lorsque je voyage aux côtés des autres, et comment puis-je soutenir une croissance partagée ?

- Comment est-ce que je mesure la réussite d'un voyage au-delà des photos et des listes à cocher ?

- Quelle est une manière concrète d'approfondir ma présence, de ralentir ou de m'engager plus pleinement lors de mon prochain déplacement ?

Le voyage n'est plus seulement une question de mobilité. Il est un état d'esprit, une orientation morale et une pratique de développement personnel. La manière dont nous nous déplaçons dans le monde reflète de plus en plus la manière dont nous avançons dans la vie.

Dans la section suivante, nous nous intéresserons aux transformations cognitives et émotionnelles qui surviennent lorsque nous entrons dans des environnements inconnus. Nous explorerons comment la nouveauté, le défi et l'inconfort reconfigurent le cerveau, et comment le fait de se sentir déplacé peut être précisément ce dont nous avons besoin pour devenir pleinement nous-mêmes.

PARTIE 2

L'esprit en mouvement

"Ce sont les petits détails qui sont essentiels. Ce sont les petites choses qui font arriver les grandes."

John Wooden

Que se passe-t-il dans notre esprit lorsque nous sortons du familier ? Lorsque les paysages changent, que les routines se dissolvent et que les attentes ne tiennent plus ?

Au fil de cette section, il devient évident que le voyage n'est pas seulement un loisir ou une échappatoire. Il constitue un véritable apprentissage neurologique de l'adaptabilité, de l'intelligence émotionnelle et du changement de perspective. Dans un monde où les environnements professionnels exigent de l'agilité, où les sociétés requièrent une conscience interculturelle, et où les dirigeants doivent naviguer dans l'incertitude avec stabilité, les bénéfices cognitifs d'un voyage porteur de sens ne sont pas secondaires. Ils sont stratégiques. L'avenir favorise ceux qui savent réguler leurs émotions, questionner leurs présupposés et rester curieux sous pression. Le voyage demeure l'un des terrains d'entraînement les plus puissants et les plus accessibles pour développer ces capacités.

La Partie 2 explore la manière dont les systèmes psychologiques et neurologiques qui façonnent nos pensées, nos émotions et nos comportements sont directement influencés par le mouvement, en particulier lorsqu'il nous conduit vers des environnements inconnus. Alors que la section précédente examinait les raisons de nos déplacements et leur lien avec l'identité, celle-ci se tourne vers l'intérieur, en se concentrant sur les transformations mentales et émotionnelles qui émergent de l'expérience vécue loin de chez soi.

Le voyage remet en question notre sentiment de stabilité. Il nous fait sortir de notre zone de confort, introduit de l'incertitude, perturbe la prévisibilité et exige une attention que la vie quotidienne ne sollicite pas toujours. Ces conditions, que nous qualifions souvent d'inconfort, sont aussi celles qui activent la croissance.

En nous appuyant sur les neurosciences, nous analysons la manière dont le cerveau réagit à la nouveauté, à l'ambiguïté et à l'émerveillement. De l'activation des neurones miroirs lors des interactions interculturelles au rôle de l'hippocampe dans la mémoire spatiale et émotionnelle, nous commençons à comprendre le voyage comme un accélérateur cognitif. Il étire notre attention, reconfigure nos perceptions et ouvre des voies neuronales favorisant l'empathie, la flexibilité et la compréhension. Cette section explore également les dimensions émotionnelles liées à l'immersion dans des environnements inconnus. L'incertitude peut être profondément inconfortable, mais c'est souvent là que nous apprenons le plus sur le monde et sur nous-mêmes.

À travers des concepts tels que l'inconfort productif, la restauration de l'attention et les neurosciences de l'émerveillement, nous expliquons pourquoi ces états, bien que mentalement exigeants, sont essentiels à une croissance durable. L'intensité d'un environnement étranger aiguise nos sens et peut raviver l'engagement cognitif affaibli par la routine. Même des moments fugaces et apparemment insignifiants, se perdre dans une ville, gérer un malentendu culturel, être témoin d'une beauté saisissante, laissent une empreinte non seulement dans la mémoire, mais aussi dans notre manière de penser et dans ce que nous devenons.

Il est important de noter que cette section dépasse la dimension individuelle. L'esprit en mouvement est aussi un esprit social, qui doit s'adapter à de nouvelles normes, à d'autres langues et à des espaces partagés. Ce processus renforce sa capacité à adopter le point de vue d'autrui, à réguler ses émotions et à communiquer de manière complexe. Ce ne sont pas seulement des compétences de voyage.

Ce sont des compétences humaines, de plus en plus indispensables dans un monde qui exige une aisance interculturelle, de la résilience et un apprentissage continu.

Dans la Partie 2, nous invitons les lecteurs à envisager le voyage non seulement comme une forme d'exploration, mais comme une discipline mentale, une pratique qui requiert conscience, ouverture et volonté de dépasser le confort. Observé à travers le prisme des neurosciences et de la psychologie, le voyage devient bien plus qu'un déplacement dans l'espace. Il devient une reconfiguration active de la perception, des croyances et de l'identité. Et dans ce processus, le voyageur n'est pas seulement transformé par les lieux qu'il traverse, mais par la profondeur avec laquelle il accepte de s'engager dans l'incertitude elle-même.

L'inconfort comme moteur de croissance

Nous évoluons rarement dans le confort. La véritable transformation commence souvent dans les moments de tension, ces expériences déstabilisantes où nous sommes arrachés à nos repères familiers et contraints d'affronter l'inconnu. Le voyage, dans sa forme la plus aboutie, consiste précisément à entrer volontairement dans ces territoires. Qu'il s'agisse de surmonter une barrière linguistique, de s'adapter à une nouvelle culture ou simplement d'être loin de chez soi, les inconforts du voyage ne sont pas accidentels. Ils en constituent l'essence même. Ils déclenchent des changements cognitifs, émotionnels et comportementaux qui nous permettent de remettre en question nos certitudes, de renforcer notre résilience et d'élargir nos modèles mentaux.

L'inconfort en voyage se manifeste sous de nombreuses formes. Il peut être physique, comme le décalage horaire, une alimentation inhabituelle ou l'absence de commodités de base. Il peut être émotionnel, comme la solitude, la vulnérabilité ou la perte de repères. Il peut aussi être cognitif, lorsque les normes culturelles entrent en conflit avec nos attentes, lorsque les systèmes fonctionnent différemment de ce à quoi nous sommes habitués, ou lorsque nous ne savons plus comment nous comporter. Ces expériences peuvent nous ébranler et parfois même provoquer de l'anxiété ou du doute, mais elles sont aussi riches en possibilités. La question est de savoir comment nous y faisons face, non seulement en tant que voyageurs dans un nouvel environnement, mais aussi en tant qu'habitants observant et vivant avec le tourisme autour de nous.

Lorsque nous sommes confrontés à l'inconfort en voyage, notre esprit cherche automatiquement à interpréter ce que signifie cette expérience. C'est là que le modèle d'évaluation cognitive devient utile. Il explique comment nous évaluons une situation, si nous la percevons comme une menace ou comme un défi, et comment cette interprétation façonne notre réponse émotionnelle. Dans le contexte du voyage, ce modèle nous aide à comprendre pourquoi un même moment peut être vécu comme accablant par une personne et comme source d'ouverture par une autre.

MODELE DE L'ÉVALUATION COGNITIVE

"LE STRESS COMME MENACE" VS "LE STRESS COMME DÉFI DE DÉVELOPPEMENT"

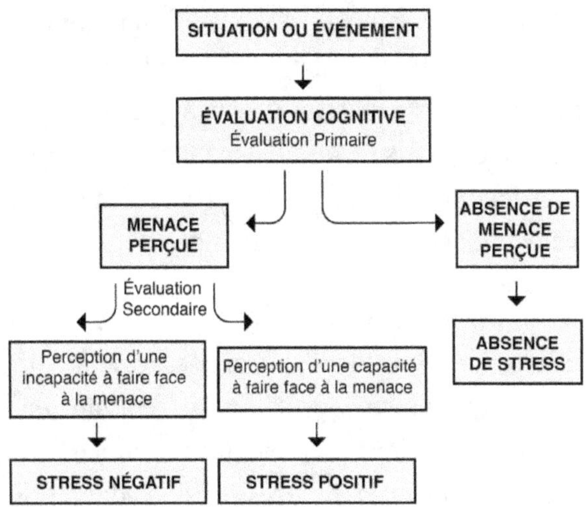

Un paradoxe émerge dans la culture du voyage contemporain. Dans notre quête de confort, d'efficacité et de sécurité perçue, nous risquons de restreindre involontairement les conditions mêmes qui favorisent la croissance. Lorsque le voyage devient excessivement contrôlé, avec des itinéraires standardisés, des complexes isolés et des emplois du temps prévisibles, nous réduisons notre exposition à une incertitude saine et, avec le temps, nous risquons une forme d'atrophie sociale et psychologique. L'instinct d'éviter l'inconfort peut affaiblir la résilience, limiter l'empathie interculturelle et réduire la curiosité. L'état d'esprit du voyage tourné vers l'avenir exige de retrouver une tolérance à l'inconnu, non de manière imprudente, mais intentionnelle, en reconnaissant que l'adaptabilité, l'humilité et le courage sont des capacités qui ne se développent que par l'exercice. Dans un monde de plus en plus optimisé pour la facilité, choisir le défi devient une pratique radicale du développement humain.

D'un point de vue psychologique, l'inconfort crée les conditions de l'apprentissage adaptatif, un processus qui oblige l'esprit à se réorganiser et à répondre de manière créative. Ce mécanisme repose sur les neurosciences du stress et de l'adaptation. Un stress modéré et contrôlé, appelé eustress, peut stimuler les centres de l'apprentissage du cerveau, en particulier le cortex préfrontal et l'hippocampe. Ces régions sont impliquées dans la prise de décision, la mémoire et l'autorégulation. Lorsque nous faisons face à des défis inconnus en voyage, elles s'activent, nous incitant à réévaluer nos stratégies, à réguler nos émotions et à résoudre des problèmes en temps réel. Une exposition répétée à un stress gérable peut également accroître ce que les psychologues appellent la flexibilité cognitive, c'est-à-dire la capacité du cerveau à changer de perspective et à s'adapter à des contextes nouveaux.

La flexibilité cognitive n'est pas seulement un atout en voyage. Elle constitue un pilier de la résilience, de la créativité et du bien-être psychologique. L'inconfort révèle aussi les limites de nos schémas internes, ces raccourcis mentaux et ces présupposés que nous utilisons pour interpréter le monde. La théorie des schémas en psychologie suggère que nous construisons des cadres mentaux à partir de nos expériences passées. Ces cadres facilitent notre vie quotidienne, mais ils peuvent aussi nous restreindre en filtrant les informations nouvelles à travers d'anciens modèles. Le voyage perturbe ces schémas. Il nous expose à d'autres façons de vivre, de penser et d'organiser la société. Cela peut être inconfortable, car cela remet en question nos conceptions du temps, de la communication, de l'alimentation, de la famille ou de la liberté. Mais c'est précisément là que se produit la croissance. Lorsque nos cadres existants ne suffisent plus à expliquer ce que nous voyons ou ressentons, nous sommes contraints de les réviser et de les élargir.

Sur le plan comportemental, l'inconfort favorise le développement des capacités de résolution de problèmes. Pensons au voyageur qui doit comprendre un système de transport public dans une ville étrangère ou trouver un hébergement après une correspondance manquée. Ces situations, souvent frustrantes, renforcent les fonctions exécutives, c'est-à-dire la capacité à planifier, organiser et gérer efficacement le temps et les ressources. Elles développent également le sentiment d'efficacité personnelle, la conviction intérieure que l'on est capable de faire face aux complexités de la vie. Ce sentiment est un puissant prédicteur de la résilience mentale et de la motivation à long terme.

Sur le plan émotionnel, l'inconfort cultive l'humilité. Il nous rappelle que nous ne maîtrisons pas tout, que nous n'avons pas toujours raison et que nos façons de faire ne sont pas les seules valables. Cette prise de conscience, souvent provoquée par l'embarras, l'émerveillement ou la confusion, constitue une porte d'entrée vers une plus grande empathie.

Dans les contextes interculturels, l'humilité nous ouvre à l'apprentissage auprès des autres plutôt qu'à l'imposition de nos propres normes. Elle adoucit le jugement et crée un espace pour la compréhension mutuelle. Sur le plan social, ce changement favorise le développement de la compétence interculturelle, la capacité à communiquer et à collaborer efficacement au-delà des différences. Il est toutefois important de noter que tout inconfort n'est pas bénéfique. Une détresse excessive liée à la peur, au danger ou à l'isolement prolongé peut entraver l'apprentissage et renforcer les mécanismes défensifs.

Pour que le voyage devienne une expérience de croissance, une condition simple doit être réunie : l'inconfort doit exister et être accompagné d'une forme de sécurité psychologique. Celle-ci peut provenir de la préparation, de réseaux de soutien, de pratiques réflexives ou simplement de la conviction que le défi est porteur de sens et temporaire. Lorsqu'une telle sécurité est présente, l'inconfort cesse d'être quelque chose à éviter et devient une expérience à engager consciemment. Lorsqu'elle fait défaut, certains voyageurs adoptent des comportements visant à préserver ce qu'ils considèrent comme « juste » selon leurs propres normes culturelles, au détriment de celles des lieux visités. Ces comportements sont ceux que l'on voit relayés dans les médias : transgression des règles locales, dégradation de sites anciens, destruction d'environnements naturels fragiles et attitudes antisociales envers les habitants.

Nos perceptions de ce qui est « bien » ou « mal » influencent également notre état d'esprit en voyage. La polarisation des visions du monde et les représentations négatives des étrangers amplifient les réactions des voyageurs comme des populations locales. De même, les formes de voyage de plus en plus standardisées, circuits organisés, complexes fermés, croisières avec un temps d'exploration limité, accentuent ces freins à la croissance, car elles éliminent presque totalement l'inconfort nécessaire au développement de la tolérance interculturelle.

Cet engagement est souvent décrit comme la « zone d'étirement », un espace situé entre le confort et la panique où l'apprentissage et la transformation sont les plus probables. En psychologie de l'éducation, ce concept est étroitement lié à la théorie de l'apprentissage transformateur, selon laquelle les adultes se développent le plus profondément lorsque leurs croyances fondamentales sont remises en question. Le voyage, lorsqu'il est vécu avec intention, nous place précisément dans cette zone. Il nous invite non seulement à nous dépasser, mais aussi à réfléchir, à nous demander ce que nous apprenons, comment nous changeons et ce que ces changements signifient pour notre manière de vivre.

L'inconfort n'est pas un défaut de l'expérience du voyage, ni le signe que nous avons échoué. C'est une caractéristique essentielle qu'il convient d'accueillir. C'est le catalyseur qui nous oblige à nous réorienter, à reformuler et à reconstruire. Dans un monde de plus en plus marqué par la complexité, l'ambiguïté et l'interconnexion globale, la capacité à naviguer dans l'inconfort est une compétence clé. Le voyage nous offre un terrain d'entraînement unique, un espace où nous pouvons exercer cette compétence en temps réel, soutenus par la curiosité, la nouveauté et le calme, avec la conscience que chaque défi est aussi une invitation.

L'attention dans de nouveaux environnements

L'un des effets cognitifs les plus immédiats du voyage est la transformation de notre manière de porter attention. Dans nos environnements quotidiens, une grande partie de ce que nous percevons devient automatisée. Le cerveau, conçu pour l'efficacité, filtre rapidement les stimuli familiers afin de préserver son énergie pour la nouveauté ou le danger. Ce phénomène, appelé habituation, est un processus neurologique qui atténue notre sensibilité aux informations répétitives. S'il remplit une fonction utile, il implique aussi qu'une grande partie de notre vie se déroule en mode automatique. Le voyage rompt ce schéma. Les environnements nouveaux contraignent le cerveau à sortir de ses modes attentionnels habituels pour entrer dans des états de vigilance accrue.

Lorsque nous pénétrons dans des contextes inconnus et que nous découvrons de nouvelles langues, des styles architecturaux différents, des sons, des odeurs et des codes sociaux variés, notre système attentionnel devient plus actif et plus alerte. Le système réticulaire activateur, situé dans le tronc cérébral, joue un rôle central dans ce processus. Il agit comme un filtre qui priorise les stimuli nouveaux ou émotionnellement significatifs. C'est pourquoi les voyageurs se sentent souvent plus présents, plus observateurs et plus sensibles aux détails. L'ordinaire devient extraordinaire, car il n'est plus filtré par la routine.

Cette intensification de l'attention présente des bénéfices à la fois cognitifs et émotionnels. Sur le plan cognitif, elle améliore l'intégration sensorielle et favorise un encodage plus solide des souvenirs. Les expériences auxquelles nous prêtons une attention vive sont plus susceptibles d'être stockées dans la mémoire à long terme, en particulier lorsqu'elles mobilisent plusieurs sens. C'est pourquoi nous nous souvenons souvent de moments apparemment insignifiants en voyage, une conversation sur un marché, la couleur du ciel, le son d'une musique inconnue. Ces souvenirs sont non seulement plus riches, mais ils contribuent aussi à un sentiment plus profond de lieu et de sens.

Sur le plan émotionnel, l'attention focalisée renforce la pleine conscience, la capacité à être pleinement présent sans jugement. Si cette qualité est souvent cultivée par des pratiques formelles, elle peut aussi émerger spontanément en voyage, surtout lorsque nous sommes immergés dans un environnement qui exige notre engagement cognitif. L'inconnu nous invite à ralentir, à observer et à écouter. Cette présence approfondit non seulement l'expérience, mais crée également un espace propice à la réflexion, à l'intuition et à la régulation émotionnelle.

Les recherches en psychologie montrent que la restauration de l'attention, c'est-à-dire la récupération après une fatigue mentale, est favorisée par l'exposition à des environnements nouveaux ou esthétiquement stimulants. Initialement associée aux milieux naturels, cette théorie a été élargie à tout contexte suscitant une « fascination douce », un engagement attentif sans surcharge cognitive.

THÉORIE DE LA RESTAURATION DE L'ATTENTION
(TAR)

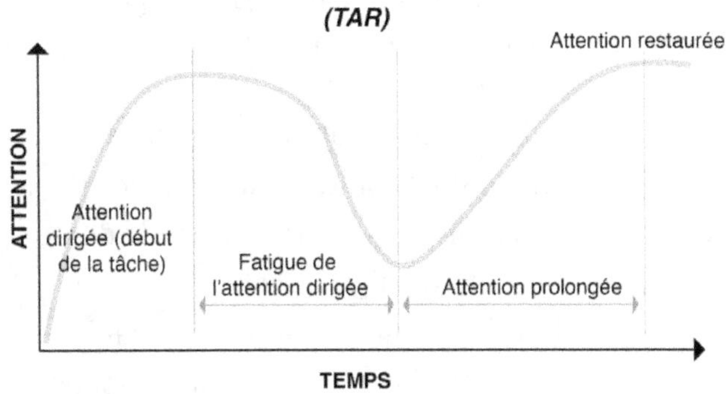

Pour les voyageurs, cela peut se produire dans des paysages urbains, des espaces culturels ou même durant les déplacements. L'essentiel est que l'attention passe d'un mode orienté vers l'objectif à une conscience ouverte et exploratoire, un état mental associé à la créativité, à l'intuition et à la récupération du stress. Toutefois, les bénéfices attentionnels du voyage ne sont pas automatiques. Ils peuvent être compromis par la distraction, la surcharge de planning ou la saturation numérique.

Ces dernières années, la prolifération des technologies mobiles et des réseaux sociaux a créé un paradoxe. Si nous disposons de plus d'outils que jamais pour nous orienter et documenter nos expériences, nous subissons aussi une pression accrue à tout faire en même temps et à nous mettre en scène, alimentant une culture de l'immédiateté. Cette charge cognitive fragmente l'attention et réduit notre capacité à nous engager pleinement dans l'instant présent.

Le défi consiste alors à protéger et à cultiver cette présence attentionnelle au milieu du bruit ambiant. Une manière d'y parvenir est d'adopter une intention attentionnelle, c'est-à-dire le choix conscient de ce sur quoi et de quelle manière nous portons notre attention. Cela peut impliquer de ralentir, de limiter l'usage du numérique ou de définir des micro-intentions quotidiennes pendant le voyage. Cela peut aussi inclure des pratiques réflexives comme l'écriture, le dessin ou la marche contemplative. Ces activités soutiennent l'attention, renforcent la consolidation de la mémoire et augmentent la portée émotionnelle de nos expériences.

L'attention est également amplifiée par les personnes avec lesquelles nous voyageons. Les expériences partagées activent les mécanismes du lien social, approfondissent l'encodage émotionnel et renforcent la mémoire relationnelle. Les partenaires de voyage, les familles et les groupes de leadership rapportent souvent une accélération de la confiance, de la vulnérabilité et de la connexion, car évoluer dans des environnements nouveaux exige communication, patience et autorégulation collective. Ces expériences relationnelles ne sont pas accessoires. Elles constituent de véritables terrains d'entraînement neurologiques et émotionnels. Ainsi, le voyage favorise autant l'intelligence collective que la compréhension individuelle. Il nous rappelle que le mouvement peut être une évolution partagée, et pas seulement une aventure solitaire.

Du point de vue des neurosciences, une attention soutenue dans des environnements nouveaux renforce les réseaux neuronaux liés aux fonctions exécutives et à la régulation émotionnelle. Le cortex préfrontal, responsable de la planification et du contrôle de soi, est particulièrement sollicité lorsque nous gérons des stimuli concurrents dans des contextes inédits. Avec le temps, cela renforce l'endurance attentionnelle et la résilience cognitive.

Dans un monde de plus en plus marqué par la distraction, la capacité à se concentrer, à remarquer ct à rester présent constitue une compétence précieuse. En définitive, le voyage nous reconnecte à notre propre capacité d'attention. Il révèle tout ce que nous manquons lorsque nous sommes absorbés par l'habitude et les sollicitations concurrentes du quotidien, et toute la richesse disponible lorsque nous regardons avec un regard neuf. Il entraîne l'esprit à devenir plus agile, plus réceptif et plus vivant face au monde qui l'entoure.

Dans le prochain chapitre, nous explorerons l'un des états psychologiques les plus profonds que le voyage peut susciter, l'émerveillement. Nous analyserons les mécanismes neuronaux qui sous-tendent ces moments, la manière dont ils transforment notre perception de nous-mêmes, et pourquoi ils possèdent un si grand potentiel de transformation de l'état d'esprit.

Les neurosciences de l'émerveillement

Certains moments de voyage dépassent les mots. Se tenir au bord du Grand Canyon, marcher autour de l'Acropole, observer les aurores boréales danser dans le ciel, ces expériences ne se contentent pas de nous impressionner. Elles nous transforment. Elles ébranlent nos certitudes, suspendent notre dialogue intérieur et élargissent momentanément notre perception du possible. Ce sentiment, appelé émerveillement, n'est pas une simple figure poétique. Il s'agit d'une expérience mesurable, fondée sur des mécanismes neurologiques, qui joue un rôle essentiel dans le développement de l'état d'esprit et la croissance personnelle.

L'émerveillement est souvent décrit comme une réponse à l'immensité, qu'elle soit physique, conceptuelle ou spirituelle, et qui met à l'épreuve nos modèles mentaux existants. Les psychologues Dacher Keltner et Jonathan Haidt définissent l'émerveillement comme une réponse émotionnelle à une grandeur perceptive qui exige une adaptation. Autrement dit, il survient lorsque nous rencontrons quelque chose d'aussi extraordinaire que notre compréhension actuelle ne peut l'intégrer facilement. Le cerveau réagit alors en réorganisant ses cadres de pensée, créant ainsi un nouvel espace cognitif et émotionnel.

La théorie du flow aide à comprendre pourquoi certains moments de voyage sont profondément absorbants, tandis que d'autres nous laissent indifférents ou dépassés. Elle montre comment l'équilibre entre le défi et les compétences façonne notre état émotionnel, de l'ennui à l'anxiété jusqu'à l'immersion totale. Par exemple, circuler dans un marché animé de Marrakech peut sembler accablant au début. Mais à mesure que la confiance grandit et que l'on comprend le rythme du lieu, ce même environnement peut passer de l'anxiété à l'état de flow, devenant l'un des souvenirs les plus marquants du voyage.

THÉORIE DU FLOW

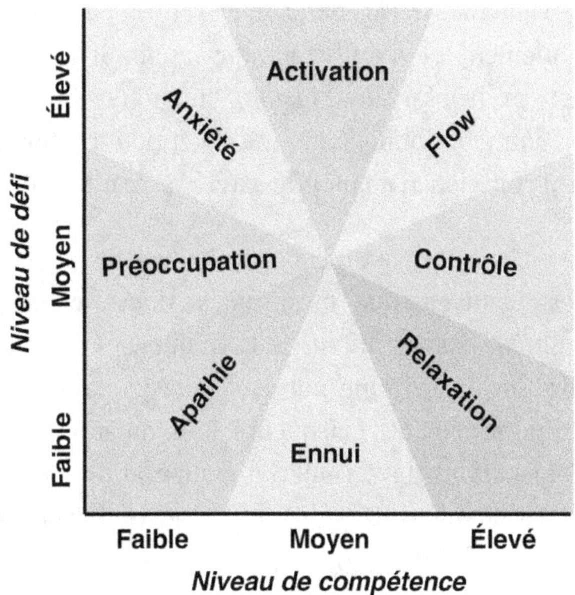

Du point de vue des neurosciences, l'émerveillement mobilise plusieurs systèmes clés du cerveau. Les études en imagerie par résonance magnétique fonctionnelle montrent que, lors de ces expériences, l'activité du réseau du mode par défaut diminue. Ce réseau est impliqué dans la pensée centrée sur soi, c'est-à-dire dans la manière dont nous relions les informations extérieures à notre identité.

Lorsque ce système s'apaise, nous ressentons une diminution de l'ego et un sentiment de connexion à quelque chose de plus vaste. Cela explique pourquoi l'émerveillement s'accompagne souvent d'humilité, d'étonnement et d'unité. Parallèlement, il active le cortex préfrontal et l'insula, impliqués dans la régulation émotionnelle et l'intéroception, renforçant ainsi la conscience du monde extérieur et intérieur.

L'expérience de l'émerveillement est associée à des changements mesurables dans le corps, notamment des variations de la fréquence cardiaque, l'activation du système nerveux parasympathique et une diminution des marqueurs inflammatoires. Ces transformations favorisent la récupération face au stress et le bien-être global. L'émerveillement est également lié à une augmentation des comportements prosociaux, tels que la générosité, l'empathie et la coopération, ainsi qu'à un niveau plus élevé de satisfaction et d'ouverture d'esprit. En résumé, l'émerveillement ne se contente pas de procurer une sensation agréable. Il nous rend aussi plus flexibles cognitivement et plus sensibles socialement.

Le voyage est particulièrement propice à l'émerveillement, car il nous place dans des environnements où l'extraordinaire devient accessible.

Cela peut se produire à travers des phénomènes naturels, une architecture monumentale, des rituels culturels ou des rencontres humaines inattendues. Il est important de souligner que l'émerveillement n'est pas réservé aux grands spectacles. Il peut naître dans un moment de beauté discrète, un geste de bonté ou la reconnaissance d'une humanité partagée au-delà des frontières culturelles. Ce qui compte, ce n'est pas l'ampleur, mais la perception de la grandeur et l'ouverture émotionnelle de l'observateur.

Les bénéfices psychologiques de l'émerveillement influencent également notre manière de traiter l'information et de prendre des décisions. Dans ces états, les individus perçoivent le temps de façon plus expansive, ressentent une plus grande clarté mentale et se montrent plus disposés à réviser leurs croyances. Cela a des implications majeures pour l'apprentissage et l'état d'esprit. En déstabilisant les cadres rigides, l'émerveillement favorise la curiosité et l'humilité. Il crée un espace où l'inconnu n'est plus redouté, mais accueilli, une attitude essentielle dans un monde complexe et en constante évolution.

De plus, l'émerveillement exerce une influence profonde sur l'identité. Lorsque l'ego s'efface, nous sommes plus enclins à vivre une forme de transcendance de soi, un passage d'une conscience centrée sur soi à une orientation plus relationnelle et collective. Il ne s'agit pas d'une perte de soi, mais d'un élargissement de perspective qui favorise l'empathie, la connexion, le sentiment d'appartenance et l'identité sociale.

En voyage, ces moments peuvent provoquer des changements durables dans notre relation aux autres et à la planète. De nombreux voyageurs reviennent d'expériences empreintes d'émerveillement avec une appréciation renouvelée de la nature, des cultures et de la fragilité de la vie. Bien sûr, l'émerveillement ne peut être fabriqué à la demande. Il est par nature insaisissable, et les tentatives de le provoquer par une planification excessive ou une stimulation constante produisent souvent l'effet inverse. Il émerge plutôt lorsque nous sommes ouverts, présents et disposés à être surpris. Le voyage favorise cet état en nous plaçant dans des conditions d'attention accrue et d'incertitude, des conditions propices à l'émerveillement si nous y prêtons attention.

C'est ici qu'intervient la conception intentionnelle du voyage, non pas en scénarisant chaque détail, mais en créant un espace où l'imprévu peut apparaître. Voyager dans l'émerveillement, c'est voyager avec humilité, curiosité et respect. C'est reconnaître que le monde est plus complexe, plus beau et plus mystérieux que nous ne pouvons pleinement le comprendre. C'est accepter la petitesse du soi non comme une limite, mais comme une porte vers une connexion plus profonde.

L'émerveillement ouvre également la voie à une pensée régénérative. Lorsque nous sommes touchés par la beauté, l'échelle, la culture ou la nature, nous devenons plus conscients de notre responsabilité à leur égard. Ce changement nous fait passer de simples récepteurs d'inspiration à des gardiens actifs des lieux. L'émerveillement éveille la réciprocité. Il encourage les voyageurs à se demander comment leur présence peut contribuer plutôt que consommer, comment laisser une communauté, un écosystème ou un espace culturel dans un meilleur état qu'à leur arrivée. L'émerveillement n'est donc pas seulement une récompense émotionnelle. Il constitue une passerelle vers la responsabilité, la conscience citoyenne et les valeurs du voyage régénératif. Il nous rappelle aussi que, dans ces instants fugaces et expansifs où nous sommes véritablement saisis d'étonnement, nous sommes aussi pleinement vivants.

Le concept et la science de l'émerveillement constituent également un enjeu important pour le secteur des voyages organisés. La conception des itinéraires doit intégrer ce qui peut être laissé à la surprise, sans être excessivement scénarisée ni figée. En substance, l'émerveillement est aussi bénéfique pour l'activité économique. Un voyageur qui vit une expérience d'émerveillement est plus susceptible d'en parler autour de lui, d'en retenir chaque détail et d'associer cette expérience enrichissante à l'entreprise qui l'a rendue possible.

Dans le prochain chapitre, nous examinerons comment la mémoire, les lieux et le sens s'entrecroisent. Nous analyserons la manière dont le cerveau encode les expériences de voyage, pourquoi certains endroits deviennent inoubliables, et comment le sens se construit à travers la résonance émotionnelle des lieux.

Mémoire, lieux et sens

L'endroit où nous allons est souvent moins important que ce que nous rapportons avec nous. Longtemps après la fin d'un voyage, certains lieux demeurent présents en nous, non seulement sous forme d'images, mais comme des repères émotionnels inscrits dans notre histoire personnelle. Nous nous souvenons non seulement de ce que nous avons vu, mais aussi de ce que nous avons ressenti, la couleur de la lumière, le ton d'une voix, la sensation d'être sur une place étrangère au crépuscule. Ces souvenirs ne sont pas passifs. Ils participent à notre identité et à notre sens de l'existence. Dans ce chapitre, nous explorons la manière dont le cerveau encode les expériences liées aux lieux, pourquoi certains endroits laissent une empreinte psychologique durable, et comment le sens se construit à travers la mémoire dans le contexte du voyage.

La mémoire humaine est fondamentalement spatiale. L'hippocampe, situé au cœur du cerveau, joue un rôle central dans la formation des souvenirs et la navigation spatiale. Les recherches en neurosciences montrent qu'il fonctionne comme une carte cognitive, reliant émotions, événements et environnements physiques en réseaux mnésiques cohérents. C'est pourquoi le lieu et la mémoire sont étroitement liés. Nous nous souvenons plus vivement des événements lorsque nous visualisons l'endroit où ils se sont produits. Le voyage, en nous exposant à des environnements nouveaux et riches en textures, constitue un contexte idéal pour un encodage profond des souvenirs. Ceux liés aux lieux sont également renforcés par leur charge émotionnelle.

Lorsque nous vivons une expérience émotionnellement significative, joie, émerveillement, surprise ou même peur, l'amygdale, une autre structure cérébrale clé, agit en synergie avec l'hippocampe pour renforcer l'encodage de l'événement. C'est pourquoi les souvenirs de voyage sont souvent chargés d'émotion. Une randonnée à l'aube dans une chaîne de montagnes isolée, une conversation spontanée dans un bus avec un inconnu, ou la solitude silencieuse d'un lieu sacré, ces moments deviennent souvent plus que des souvenirs. Ils deviennent des marqueurs de sens.

La théorie de la mémoire épisodique, notre capacité à rappeler des événements spécifiques avec leur contexte, explique également pourquoi le voyage se distingue dans notre chronologie mentale. Contrairement aux événements routiniers, le voyage rompt la monotonie du quotidien et introduit des indices uniques qui rendent les épisodes plus distincts. Ces indices, nouvelles odeurs, langues inconnues, paysages visuels inédits, agissent comme des ancres, facilitant le rappel des détails émotionnels et narratifs associés. Les recherches suggèrent même que le temps semble s'écouler plus lentement en voyage, non en raison d'un changement physique, mais en raison de la densité des expériences encodées.

D'un point de vue psychologique, le voyage peut devenir un espace privilégié de découverte du sens, au sens où l'entendait Viktor Frankl. Il crée des expériences intenses et signifiantes qui aident les individus à inscrire leur existence dans une trame plus cohérente. Ces expériences sont souvent liées à un sentiment de lieu. Qu'il s'agisse d'un paysage qui reflète notre état intérieur, d'une ville qui résonne avec une part encore inexplorée de nous-mêmes ou d'un rituel culturel qui nous relie à quelque chose de plus ancien que nous, ces moments suscitent une forme de clarté existentielle. Ils ne donnent pas des réponses définitives, mais orientent notre regard, confirment notre inscription dans le monde et invitent à réfléchir au sens, aux liens et à la direction de notre vie.

Le voyage favorise également ce que les psychologues appellent le raisonnement autobiographique, c'est-à-dire la capacité à construire un récit de vie cohérent en reliant les expériences passées aux intentions futures. Les lieux porteurs de sens deviennent des chapitres de ce récit. Nous ne nous contentons pas de les évoquer. Nous y revenons en mémoire pour en tirer des enseignements, pour nous rappeler qui nous étions à ce moment-là et pour comprendre comment nous avons évolué. Ces souvenirs ancrés dans des lieux peuvent devenir une source de force et de continuité, en particulier lors des périodes de transition ou d'incertitude.

La construction du sens n'est pas uniquement intérieure. Elle est aussi sociale. Nous partageons souvent nos expériences de voyage à travers des récits, des photographies ou des rituels de souvenir. Ce faisant, nous renforçons et affinons leur signification. Ces actes de narration aident à consolider la mémoire et à l'ancrer plus profondément dans l'identité. Ils permettent également aux autres d'entrer dans nos expériences et de co-créer du sens par l'écoute, la réflexion et le souvenir partagé. C'est pourquoi retourner dans un lieu avec une personne chère, ou raconter l'histoire d'un voyage en solitaire, peut être aussi puissant que le voyage lui-même. Cela peut même avoir une valeur thérapeutique.

Sur le plan culturel, certains lieux portent une mémoire collective, faite d'histoires, de symboles ou de sacralité, qui dépasse l'expérience individuelle. Les visiter peut susciter des réactions émotionnelles profondes, même sans lien personnel direct avec leur passé. Se tenir devant un monument historique, entrer dans un temple vénéré ou parcourir un site commémoratif peut créer un sentiment de profondeur temporelle et de connexion à quelque chose de plus vaste que soi. Ces expériences résonnent fortement parce qu'elles relient le sens personnel au sens collectif.

Bien sûr, toutes les expériences de voyage ne laissent pas des souvenirs durables. Certaines s'estompent rapidement, surtout lorsqu'elles sont vécues dans la précipitation, la distraction ou sans engagement émotionnel. La qualité de l'attention que nous portons à un lieu influence directement la manière dont nous nous en souviendrons. Cela renforce l'importance d'un voyage conscient, être présent, ralentir et s'autoriser à ressentir et à absorber pleinement son environnement. Lorsque nous le faisons, même les moments les plus simples, un repas, une promenade, une conversation, peuvent devenir des empreintes durables.

En essence, le voyage nous enseigne que la mémoire ne consiste pas seulement à enregistrer des événements, mais à encoder du sens. Les lieux que nous visitons façonnent notre manière de nous souvenir, et notre manière de nous souvenir façonne ce que nous devenons. Les voyages les plus puissants ne sont pas ceux qui remplissent un passeport, mais ceux qui remplissent l'esprit de questions, de compréhensions et de liens qui demeurent longtemps après le retour.

La relation entre mémoire, lieu et sens comporte également des implications importantes pour le voyageur lorsqu'il prépare un itinéraire. Il peut sembler nécessaire de concentrer un maximum de lieux et de sites en dix jours afin de justifier le coût du voyage et le temps d'absence. Pourtant, ce que nous savons aujourd'hui du sens montre qu'il ne dépend pas de la quantité d'activités, mais de l'espace que nous nous accordons pour relier un lieu à notre propre expérience. Repenser nos itinéraires pour nous déplacer moins et observer davantage crée bien plus de valeur qu'un enchaînement rapide de visites.

Immobilité et retraite

Dans un monde qui associe le mouvement au sens, l'immobilité peut sembler presque radicale. Le voyage est souvent imaginé comme un déplacement constant, avions, trains, agendas saturés, emplois du temps remplis d'expériences. Pourtant, certains des parcours les plus transformateurs ne se déroulent pas dans le mouvement, mais dans la pause volontaire. Retraites, congés sabbatiques, périodes de solitude dans des lieux inconnus, ces expériences offrent une autre forme de voyage, définie non par l'accumulation, mais par la soustraction. Que se passe-t-il lorsque nous laissons le monde venir à nous au lieu de courir vers lui ?

L'immobilité en voyage n'est pas de l'oisiveté. C'est un ajustement silencieux, un retrait du bruit de nos identités, de nos responsabilités et de nos routines. Les neurosciences montrent que lorsque les stimuli externes diminuent, les processus internes s'intensifient. Le réseau du mode par défaut s'active, permettant une introspection plus profonde, une construction du sens et une intégration émotionnelle. Dans l'immobilité, la poussière du mouvement incessant retombe, et ce que nous ressentons réellement, ce que nous craignons ou désirons, commence à émerger.

De nombreuses cultures ont depuis longtemps compris la puissance du voyage comme pause. Les traditions monastiques, les pèlerinages intégrant des temps de repos, les pratiques autochtones de retrait sur la terre, toutes considèrent l'immobilité comme une forme de cheminement. La vie moderne, cependant, nous prive souvent de cet espace. Nous avançons vite, consommons rapidement et confondons vitesse et finalité. L'immobilité nous rappelle que l'espace intérieur peut lui-même devenir une destination. Un matin silencieux dans un village isolé, un appartement calme dans une ville étrangère, une promenade sans téléphone ni programme ne sont pas des manques d'expérience, mais des portes d'entrée.

La retraite transforme également notre rapport au temps. Loin de la culture de la productivité, le temps s'étire. Les minutes s'allongent, l'attention s'approfondit, le système nerveux se rééquilibre. Ce ralentissement peut d'abord être inconfortable. L'ennui et l'agitation apparaissent avant que l'intuition et la présence ne s'installent. Pourtant, cet inconfort constitue souvent le seuil du renouveau. Dans l'immobilité, nous écoutons le monde, notre corps, notre intuition. Nous renouons avec des désirs et des questions étouffés par l'agitation.

Voyager dans l'immobilité, c'est honorer le paysage intérieur autant que le paysage extérieur. C'est reprendre le pouvoir de choisir la présence plutôt que la propulsion, l'absorption plutôt que l'accumulation. L'immobilité nous invite à nous voir non comme des touristes traversant le monde, mais comme des témoins transformés par lui. Lorsque nous revenons de ces voyages silencieux, nous rapportons une stabilité qui améliore notre manière de naviguer dans le mouvement, le bruit et le changement. Ainsi, l'immobilité n'est pas l'opposé du voyage, mais son approfondissement. Nous apprenons que l'exploration ne requiert pas toujours le déplacement. Parfois, la transformation la plus profonde se produit dans le silence, dans l'immobilité, dans l'abandon à la présence elle-même.

La Micro-Exploration - La profondeur plutôt que la distance

Tous les voyages ne traversent pas les continents. Certains se déroulent dans une seule rue, au cours d'une courte promenade, ou dans l'acte silencieux de remarquer ce que nous ignorons habituellement. La micro-exploration consiste à traiter le familier comme un territoire étranger en remplaçant l'échelle par la profondeur et la distance par la présence. Dans une culture qui associe le voyage à de grands itinéraires et à des évasions lointaines, la micro-exploration nous rappelle que la découverte commence par l'attention, et non par la géographie.

Sur le plan psychologique, la nouveauté et le sens ne dépendent pas de la distance. Les neurosciences montrent que ce qui stimule le cerveau n'est pas l'ampleur du trajet, mais le degré d'engagement. Lorsque nous modifions notre regard, en observant la lumière sur un bâtiment, en écoutant la cadence d'un inconnu, en empruntant un chemin jamais parcouru dans notre propre ville, nous activons les mêmes circuits neuronaux que lors de voyages lointains. L'inconnu est partout. Nous cessons simplement de le remarquer près de chez nous.

La micro-exploration cultive l'état d'esprit du voyageur dans la vie quotidienne. Elle nous invite à sortir de nos itinéraires habituels et de nos raccourcis perceptifs. L'objectif n'est pas l'efficacité, mais la curiosité. Essayez de marcher sans écouteurs. Prenez un itinéraire différent. Entrez dans une boutique devant laquelle vous êtes passé des centaines de fois sans jamais y entrer. Asseyez-vous sur un banc et observez les rythmes, la manière dont les gens se saluent, dont les conversations se croisent, dont le temps s'écoule dans un lieu où vous restez immobile plutôt que pressé. Ces petits actes d'attention aiguisent l'esprit et adoucissent l'ego. Ils nous rappellent que l'émerveillement n'est pas une ressource liée au prix d'un billet d'avion.

Il existe une forme d'humilité dans les petits voyages. Ils nous enseignent que notre monde, aussi ordinaire qu'il puisse paraître, est multiple, dynamique et vivant. Un arbre que nous n'avions jamais remarqué devient un marqueur des saisons et du temps. Le rituel d'un voisin devient une histoire d'appartenance. Un café tranquille devient un portail vers de nouveaux personnages et de nouvelles conversations. La micro-exploration dissout la frontière entre « chez soi » et « ailleurs », nous invitant à voir le monde non comme une succession de destinations, mais comme un champ permanent de découverte.

Cette pratique possède également un effet d'ancrage. À une époque marquée par la mobilité rapide et la distraction numérique, la micro-exploration renforce les muscles de la présence. Elle empêche le voyage de devenir une simple fuite et le transforme en une manière d'être, une posture attentionnelle plutôt qu'un événement logistique. Elle nous prépare à des voyages plus profonds en nous apprenant la patience, l'observation et l'empathie dans des espaces familiers, là où les préjugés sont souvent les plus difficiles à remettre en question. Lorsque nous partons loin, nous arrivons alors plus ouverts, plus attentifs, plus capables de percevoir les nuances.

En fin de compte, la micro-exploration démocratise l'exploration. Elle supprime les barrières de coût, de temps et de statut. Elle nous rappelle qu'un voyageur n'est pas celui qui va loin, mais celui qui regarde attentivement. Le monde s'élargit non seulement lorsque nous franchissons des frontières, mais lorsque nous franchissons les seuils de nos propres habitudes. À travers ces petits voyages, nous apprenons que le déplacement n'est pas nécessaire à l'éveil, l'attention l'est. En nous entraînant à trouver l'extraordinaire dans l'ordinaire, nous nous préparons à un avenir où le sens du voyage se mesure non en kilomètres, mais en perception, en humilité et en profondeur.

Ce modèle de voyage fondé sur la profondeur reflète également un autre type de retour sur investissement, mesuré en clarté, en perspective, en relations et en expansion émotionnelle, plutôt qu'en consommation ou en kilomètres parcourus. À mesure que le voyage devient plus intentionnel, immersif et réflexif, sa valeur s'accumule. Un seul parcours porteur de sens peut transformer une vision du monde, réajuster des habitudes, influencer des décisions de vie et renforcer l'identité plus puissamment que de multiples déplacements superficiels. Pour les voyageurs contemporains confrontés aux contraintes de temps, aux réalités économiques et aux responsabilités environnementales, l'état d'esprit devient un multiplicateur. Investir dans la présence offre les meilleurs rendements, sur les plans psychologique, social et éthique.

Réflexions pour les voyageurs

Pour intégrer les idées de la Partie 2, réfléchissez aux points suivants :

- Faites de l'inconfort un levier constructif. Recherchez des défis à doses sûres et porteuses de sens. Évitez de vous réfugier dans des bulles de confort.

- Privilégiez la profondeur plutôt que la quantité. Moins de destinations, plus d'expérience, un apprentissage plus riche.

- Voyagez en citoyen du monde, pas en consommateur. L'émerveillement ouvre la voie à la responsabilité. Laissez les lieux et les personnes dans un meilleur état qu'à votre arrivée.

- Partagez le parcours. Voyager avec des partenaires, la famille ou des pairs renforce la confiance, la compréhension et la connexion.

- Protégez votre attention. Posez le téléphone. Regardez plus longtemps. Écoutez plus profondément. Laissez la réalité vous atteindre sans filtre.

- Revenez transformé. La véritable mesure du voyage n'est pas l'endroit où vous êtes allé, mais la manière dont il change votre façon de vivre, de diriger et de vous relier aux autres une fois rentré.

Dans la prochaine partie de ce livre, nous passerons de ce qui se déroule dans l'esprit à la manière dont les voyageurs évoluent dans un monde en perpétuelle transformation. À mesure que les règles de l'exploration évoluent sous l'effet des bouleversements numériques, du changement climatique et des mutations culturelles, nous poserons la question suivante : comment voyager de manière plus consciente, plus adaptative et plus éthique face à ces nouvelles réalités ?

PARTIE 3

Les nouvelles règles de l'exploration

"Nous ne voyageons pas pour fuir la vie, mais pour que la vie ne nous échappe pas."

Anonyme

L'exploration a toujours impliqué le risque, l'adaptation et la découverte. Mais dans le monde d'aujourd'hui, le paysage même de l'exploration est en mutation. Le changement climatique redessine la carte physique. La technologie transforme la manière dont nous planifions, vivons et partageons nos voyages. La conscience culturelle et éthique redéfinit notre façon de circuler, de nous lier aux autres et de donner du sens au voyage.

Dans la Partie 3, nous faisons face à l'évolution de l'exploration au XXIe siècle et nous interrogeons sur ce que signifie être un voyageur responsable et conscient dans un monde en transformation rapide. Cette section s'intéresse à la manière dont les grandes forces, accélération numérique, urgence environnementale, migrations mondiales et interdépendance culturelle, réécrivent l'expérience du voyage.

L'essor du nomadisme numérique et du travail à distance a dissocié la mobilité des structures traditionnelles, offrant une plus grande liberté de mouvement, tout en soulevant des questions de durabilité, d'appartenance et de privilège. L'intelligence artificielle transforme la prise de décision, ce que nous voyons, où nous allons et la manière dont nous interagissons avec des lieux inconnus, en automatisant souvent ce qui relevait autrefois de l'intuition ou du hasard. Parallèlement, un désir renouvelé de connexion humaine authentique pousse les voyageurs à rechercher des expériences plus profondes et plus intenses, des repas partagés, des voyages collectifs et une immersion culturelle qui dépasse les interactions superficielles. Ces évolutions exigent non seulement une adaptation logistique, mais aussi une évolution cognitive et éthique. Le voyageur de demain devra apprendre à équilibrer confort et conscience, liberté et responsabilité, accessibilité et humilité.

L'exploration ne consiste plus seulement à découvrir du nouveau. Elle consiste à apprendre à interagir avec la complexité, à s'adapter à des contextes en mutation rapide, et à rester curieux tout en étant respectueux et informé. Elle consiste aussi à savoir revisiter un lieu une deuxième ou une troisième fois avec un regard neuf et un désir sincère d'apprendre autrement.

À mesure que le voyage devient de plus en plus organisé, numérisé et orienté vers le confort, une tension psychologique émerge. Sommes-nous en train de perdre notre capacité à explorer librement, à prendre des risques de manière responsable et à naviguer dans l'inconnu ? Une préférence culturelle croissante pour la prévisibilité, les séjours balnéaires, les itinéraires guidés par des algorithmes et les expériences centrées sur le confort risque d'épuiser nos instincts d'adaptation. La véritable exploration suppose d'entrer dans l'incertitude, d'exercer son jugement et d'accueillir la surprise. Dans un monde conçu pour réduire les frictions, nous devons préserver activement les capacités que le voyage formait autrefois naturellement : la résilience, la conscience situationnelle, l'ouverture à l'imprévisible et l'humilité face à la différence. L'avenir de l'exploration dépend non seulement des lieux accessibles, mais aussi de notre volonté de les vivre sans chercher à les contrôler.

Cette section explore également les dimensions invisibles du voyage : l'impact du langage, les mécanismes subtils de l'interprétation culturelle et les dynamiques de pouvoir liées à la mobilité mondiale. Elle nous invite à écouter plus attentivement, à penser plus profondément et à parcourir le monde non seulement comme des visiteurs, mais comme des collaborateurs d'un avenir commun.

Dans la Partie 3, les lecteurs sont invités à repenser l'exploration, non seulement sur le plan géographique, mais aussi sur les plans éthique, technologique et relationnel. La nouvelle frontière n'est pas uniquement l'espace ou les territoires inexplorés. Elle réside dans notre capacité à naviguer dans l'incertitude avec sens, à voyager avec humilité, et à rester pleinement humains dans un monde de plus en plus médiatisé par les systèmes, les écrans et les algorithmes.

Nomades numériques et réalités du travail à distance

Par le passé, le voyage et le travail appartenaient à des sphères distinctes, l'une dédiée aux loisirs, l'autre aux moyens de subsistance. Aujourd'hui, ces frontières s'estompent. L'essor du travail à distance et de la connectivité numérique a fait émerger un nouvel archétype : le nomade numérique. Munis d'ordinateurs portables et d'une connexion Wi-Fi, de plus en plus d'individus choisissent de vivre et de travailler en mouvement, troquant les bureaux traditionnels contre des espaces de coworking à Bali, des cafés à Lisbonne ou des cabanes dans les Andes. Ce chapitre explore l'émergence de ce mouvement de mobilité mondiale, ses dimensions psychologiques et sociales, ainsi que la redéfinition du sentiment d'appartenance à l'ère des géographies fluides.

Le nomadisme numérique marque une transformation profonde dans la manière dont les individus organisent leur vie, en mêlant travail, mobilité et identité d'une façon qui remet en question les modèles traditionnels de stabilité et d'enracinement. Il reflète des évolutions plus larges dans la perception de la productivité, de la liberté, de l'identité et du sens. Pour beaucoup, l'indépendance géographique n'est pas un simple avantage, mais une valeur centrale. La possibilité de choisir son environnement est perçue comme un acte d'autodétermination, un rejet des systèmes rigides au profit de l'autonomie, de l'exploration et de l'agentivité personnelle.

Sur le plan psychologique, ce mode de vie transforme la relation à l'espace, au temps et aux liens sociaux. Sans adresse fixe, la notion de foyer devient fluide. Certains trouvent dans cette impermanence un sentiment de liberté, tandis que d'autres souffrent d'un affaiblissement du sentiment de continuité et d'enracinement. La psychologie de l'attachement au lieu, c'est-à-dire le lien émotionnel entre une personne et un espace, est mise à l'épreuve dans ce contexte. Le sentiment d'identité sociale est perturbé, et la capacité à intégrer de nouveaux environnements dans son identité devient essentielle. Si la nouveauté stimule la créativité et l'apprentissage, elle peut aussi générer une impression diffuse de transience, réduisant la profondeur des relations et renforçant le sentiment de déracinement.

Le mode de vie des nomades numériques sollicite plusieurs systèmes d'adaptation du cerveau. L'exposition régulière à de nouveaux environnements stimule les réseaux attentionnels, favorisant la neuroplasticité et la flexibilité cognitive. Toutefois, elle peut également engendrer une fatigue décisionnelle et une surcharge cognitive, notamment lorsque les routines font défaut ou que les structures sociales sont fragiles. Le cerveau a besoin d'un équilibre entre nouveauté et stabilité. En l'absence de cet équilibre, le stress et l'épuisement émotionnel peuvent s'intensifier, malgré l'impression de liberté.

Sur le plan social, le nomadisme numérique redéfinit la notion de communauté. Les systèmes de soutien traditionnels, famille, amitiés durables, voisinage, sont souvent remplacés par des relations temporaires et des réseaux en ligne. Si cela favorise des perspectives globales et des collaborations diverses, cela peut aussi conduire à une fragmentation relationnelle. Le sentiment d'appartenance devient épisodique. Les liens, bien que fréquents, manquent parfois de profondeur. De nombreux nomades décrivent un paradoxe : être constamment entourés de personnes, tout en se sentant souvent seuls.

Sur les plans économique et éthique, le nomadisme numérique soulève des questions importantes. La possibilité de vivre à moindre coût dans des pays où le niveau de vie est plus bas repose souvent sur des inégalités économiques mondiales. Certains nomades contribuent de manière significative aux économies et aux communautés locales, tandis que d'autres évoluent dans des bulles de privilège isolées. L'arrivée de travailleurs mobiles peut exercer une pression sur les infrastructures, faire augmenter les loyers et accentuer les inégalités. Cela crée un besoin croissant de ce que l'on pourrait appeler une mobilité éthique, fondée sur la conscience de son impact et sur un engagement réciproque et respectueux.

Les implications de ce mode de vie touchent également à l'identité. Les nomades numériques endossent souvent plusieurs rôles à la fois : touriste, travailleur, résident, étranger. Cette fluidité peut être libératrice et permettre une réinvention constante. Mais elle peut aussi engendrer une forme de fatigue identitaire, liée à l'absence d'ancrage clair, qui complique la construction du soi et du rôle social. En termes psychologiques, le manque de repères stables peut perturber la cohérence narrative, rendant plus difficile l'élaboration d'une histoire personnelle continue.

Dans sa forme la plus aboutie, le nomadisme numérique offre un modèle alternatif pour repenser notre manière de travailler, de vivre et de nous relier aux autres. Il montre que la productivité n'est pas liée à un lieu fixe, que l'immersion culturelle peut être continue, et que d'autres modes de vie sont possibles. Mais il révèle aussi la nécessité de structure, de réflexion et d'intention. La liberté de mouvement exige un ancrage intérieur. La mobilité sans conscience peut mener à l'errance.

Face à cette évolution, de nombreuses villes et de nombreux pays s'adaptent. Des visas pour travailleurs à distance, des infrastructures numériques et des communautés mobiles se développent pour soutenir ce mode de vie. Mais les infrastructures matérielles ne suffisent pas. Il est également nécessaire de construire une infrastructure psychologique, c'est-à-dire des compétences mentales et émotionnelles permettant de s'épanouir dans un monde où le lieu est optionnel, mais où la connexion humaine demeure essentielle.

Les nomades numériques ont également la responsabilité d'incarner une citoyenneté mondiale partout où ils s'installent, même temporairement. Cela implique de comprendre et de respecter les normes culturelles locales, et de chercher à s'intégrer au-delà des cercles nomades. De leur côté, les communautés d'accueil peuvent créer des espaces favorables à cette intégration, permettant aux nomades de se sentir inclus et respectueux des lieux et des populations qu'ils traversent. Chacun a un rôle à jouer, en tant que nomade numérique et en tant qu'hôte.

Par ailleurs, l'essor des modes de vie mobiles invite à réfléchir à une présence régénératrice plutôt qu'à une simple occupation passive. La possibilité de vivre et de travailler partout implique un devoir de réciprocité : contribuer plutôt que simplement tirer profit d'un cadre de vie attractif. Cela suppose de s'engager dans l'économie locale au-delà des dépenses de convenance, de participer aux dynamiques civiques, et de veiller à ce que notre présence renforce le tissu social, culturel et écologique des lieux que nous appelons temporairement chez nous. Pratiqué consciemment, le nomadisme numérique peut devenir une forme de gestion culturelle distribuée, créant des ponts, favorisant les échanges de savoirs et cultivant une prospérité partagée, plutôt que d'accentuer les inégalités ou les déplacements.

Dans le prochain chapitre, nous examinerons le rôle de l'intelligence artificielle dans la manière dont se construisent nos choix de voyage. À mesure que les algorithmes influencent de plus en plus nos destinations, nos parcours et nos expériences, nous nous demanderons : que gagnons-nous et que perdons-nous lorsque la technologie devient notre principal guide ?

Itinéraires pilotés par l'IA, choix humains

Dans le paysage numérique actuel, la planification des voyages est devenue une expérience fortement médiatisée. Avec l'essor de l'intelligence artificielle, les algorithmes ne se contentent plus d'assister nos décisions, ils les façonnent activement. Des recommandations personnalisées aux ajustements en temps réel, l'IA influence désormais nos destinations, nos activités, ce que nous voyons et même la manière dont nous interprétons nos expériences.

Ce chapitre explore la manière dont les systèmes algorithmiques redéfinissent l'exploration, les compromis psychologiques qu'ils impliquent, et la nécessité urgente de préserver l'autonomie humaine dans un monde où les déplacements sont de plus en plus organisés par des machines.

Les plateformes fondées sur l'IA promettent la commodité. En quelques clics, les voyageurs peuvent recevoir des itinéraires personnalisés, des trajets optimisés, des recommandations de restaurants adaptées et une assistance à la traduction en temps réel. Les moteurs de recommandation analysent les comportements, les préférences et les données de voyages passés afin de proposer des suggestions toujours plus précises. Ces outils peuvent réduire les frictions, élargir l'accès et ouvrir de nouvelles possibilités, notamment pour les personnes découvrant une région ou disposant de peu de temps. Pourtant, les mêmes caractéristiques qui rendent l'IA si efficace soulèvent aussi des questions essentielles sur l'autonomie, la conscience et la qualité de l'expérience.

Sur le plan psychologique, le recours aux algorithmes modifie notre rapport au choix. Lorsque les décisions sont déléguées à la technologie, notre capacité d'exploration indépendante peut s'affaiblir. En sciences cognitives, on parle de biais d'automatisation, c'est-à-dire la tendance à accorder une confiance excessive aux systèmes automatisés, même lorsqu'ils sont imparfaits ou en décalage avec nos valeurs. Avec le temps, cela peut éroder notre sentiment d'agentivité, en réduisant la prise de décision à une acceptation passive. Ce qui se perd alors n'est pas seulement la spontanéité, mais aussi la réflexion profonde et la croissance personnelle issues de la confrontation autonome à l'incertitude.

L'externalisation de la charge cognitive peut avoir des effets ambivalents sur le cerveau. Si elle réduit la fatigue décisionnelle et libère de l'énergie mentale pour un engagement plus profond, elle peut aussi limiter l'usage régulier des fonctions exécutives, essentielles à la planification, à l'autorégulation et à l'adaptabilité. L'interaction active avec l'environnement, s'orienter, interpréter les codes culturels, choisir ses itinéraires, stimule le cortex préfrontal. Lorsque ces processus sont systématiquement contournés, la richesse de l'apprentissage peut s'en trouver diminuée.

L'IA influence également ce que nous voyons et ce que nous ne voyons pas. Les systèmes de recommandation mettent en avant ce qui est jugé le plus pertinent, populaire ou similaire à nos choix antérieurs. Mais cette personnalisation tend souvent à restreindre l'expérience plutôt qu'à l'élargir. Ce phénomène, appelé effet de bulle de filtres, limite l'exposition à des rencontres diverses ou inattendues. Un voyageur peut ainsi ne fréquenter que les restaurants les mieux notés ou les points de vue les plus célèbres, en passant à côté d'un parc discret, d'une galerie locale ou d'une conversation spontanée qui aurait pu offrir une connexion plus profonde. L'IA contribue alors à homogénéiser le voyage, tout en prétendant le personnaliser.

On observe également un glissement narratif subtil. Le voyage impliquait autrefois une interprétation personnelle, décider de ce qui avait du sens, de ce qui méritait attention. Aujourd'hui, ce travail est de plus en plus pris en charge par des systèmes automatisés. Avis générés par l'IA, résumés, légendes suggérées orientent non seulement ce que nous voyons, mais aussi la manière dont nous racontons nos expériences. Avec le temps, cela façonne notre récit d'un lieu et de nous-mêmes. Le danger n'est pas que la technologie soutienne l'expérience, mais qu'elle remplace les processus réflexifs qui nourrissent notre développement. L'IA peut ainsi, de manière insidieuse, affaiblir notre curiosité.

Pour autant, l'intégration de l'IA dans le voyage n'est pas intrinsèquement négative. Ces systèmes peuvent renforcer la sécurité, réduire le stress et démocratiser l'accès. Utilisés avec discernement, ils peuvent permettre d'aller plus loin, plus en profondeur et avec davantage de contexte qu'auparavant. L'enjeu est de rester conscient de notre usage de ces outils. Enrichissent-ils notre expérience ou la remplacent-ils. Servent-ils à approfondir notre compréhension ou à éviter l'inconfort et la complexité.

Les dimensions éthiques de l'IA dans le voyage sont tout aussi essentielles. Les algorithmes reflètent les biais de leurs concepteurs et les limites de leurs données. Cela peut entraîner une représentation inégale des destinations, des interprétations culturelles approximatives ou la mise en avant de certains récits au détriment d'autres. Dans les régions peu présentes dans les contenus numériques, l'IA peut même s'avérer inefficace, renforçant ainsi les déséquilibres mondiaux. Un voyage culturellement sensible exige plus que des données. Il requiert intention, contexte et humilité.

En définitive, l'avenir de l'exploration reposera sur un partenariat entre l'intelligence humaine et l'intelligence artificielle. Mais ce partenariat doit être conçu avec soin. L'IA peut proposer des chemins, mais c'est à nous de choisir lesquels suivre. Elle peut suggérer, mais non ressentir. Elle peut optimiser, mais non s'émerveiller. Elle ne peut remplacer le travail intérieur de curiosité, de réflexion et de croissance. Ces capacités sont proprement humaines et constituent le cœur du voyage porteur de sens.

L'enjeu n'est donc pas de rejeter la technologie, mais de l'utiliser avec discernement, de faire de l'IA une boussole plutôt qu'une cage. Les voyageurs conscients cultiveront de plus en plus une navigation hybride, combinant assistance algorithmique, intuition, curiosité et conscience situationnelle. Dans ce modèle, la technologie devient un outil d'autonomie, non de dépendance. Nous préservons la sérendipité en laissant des espaces ouverts dans nos itinéraires. Nous renforçons notre agentivité en prenant des décisions imprévisibles pour l'algorithme. Nous protégeons notre vitalité créative et cognitive en choisissant la présence plutôt que l'automatisation passive. Dans le futur du voyage, la souveraineté mentale, la capacité à penser, choisir et explorer de manière autonome, devient à la fois une compétence et un privilège à préserver. Prenez le temps de réfléchir à la manière dont vous utilisez, ou utiliserez, la technologie pour voyager de façon consciente.

Dans le prochain chapitre, nous explorerons les dimensions relationnelles du voyage. À mesure que la technologie médie nos déplacements, que signifie se connecter véritablement et intensément aux autres. Comment les expériences partagées façonnent-elles la mémoire, le sentiment d'appartenance et la résonance émotionnelle dans un monde de plus en plus fragmenté.

Connexion, intensité et voyage partagé

Certains des souvenirs de voyage les plus durables ne concernent pas tant les lieux que les personnes : celles avec qui nous voyageons, celles que nous rencontrons en chemin, et celles avec qui nous partageons le parcours, même brièvement. À une époque marquée par l'interaction virtuelle et la commodité numérique, le voyage partagé demeure l'une des dimensions les plus puissantes et irremplaçables du déplacement.

Ce chapitre explore comment la connexion authentique, en particulier lorsqu'elle se forge dans des conditions nouvelles ou intenses, approfondit l'expérience émotionnelle, renforce la mémoire et favorise le sentiment d'appartenance dans un monde de plus en plus fragmenté.

Le voyage compresse souvent le temps et intensifie les émotions. Cela crée une intensité psychologique qui accélère les liens. Qu'il s'agisse de s'orienter dans une ville étrangère, de randonner sur des terrains inconnus ou de partager un repas avec des inconnus, le contexte du voyage efface les formalités et les routines du quotidien. Dans cet espace dépouillé, la connexion peut être rapide et profonde. Les psychologues sociaux observent que les contextes nouveaux ou émotionnellement chargés favorisent une formation rapide de liens interpersonnels. La nouveauté de l'environnement agit alors comme un catalyseur, abaissant les défenses et ouvrant la voie à des échanges plus authentiques.

Les expériences partagées activent les systèmes sociaux et émotionnels du cerveau. Lors de moments de vulnérabilité, d'effort commun ou de connexion affective, l'ocytocine, hormone liée à l'attachement et à la confiance, est libérée, renforçant le lien. Parallèlement, le système des neurones miroirs, qui permet l'empathie et la compréhension sociale, est davantage sollicité lorsque nous vivons ensemble des stimuli inconnus. Ces mécanismes consolident le sentiment de confiance, de familiarité et de proximité qui peut émerger au cours d'un voyage partagé. Il est important de noter que ce contexte permet aux individus de se connecter non seulement par le dialogue, mais aussi par l'action.

La résolution de problèmes, la gestion de l'incertitude et la co-création de moments en temps réel conduisent à ce que les psychologues appellent la corégulation, un processus par lequel les personnes régulent ensemble leurs états émotionnels. Cela apparaît particulièrement dans les voyages en groupe ou les expériences communautaires telles que les retraites, les projets solidaires ou les pèlerinages. Ces moments favorisent un type de relation unique, en dehors du quotidien, mais profondément inscrit dans la mémoire et le sens.

D'un point de vue cognitif, les expériences partagées ont plus de chances d'être mémorisées de manière vive et positive. L'hypothèse du lien social suggère que les émotions et le contexte social renforcent la consolidation des souvenirs à long terme.

Lorsque nous repensons à nos moments de voyage les plus marquants, ils sont souvent liés à la présence d'autrui : rire ensemble, se perdre, s'entraider face à l'inconfort. Ces récits communs enrichissent non seulement nos souvenirs personnels, mais deviennent aussi une part de notre tissu relationnel.

La connexion par le voyage ne se limite pas aux compagnons que nous connaissons. Les rencontres avec des inconnus, brèves, uniques et souvent spontanées, peuvent également être profondément significatives. Elles contournent les couches identitaires que nous portons habituellement et ouvrent la voie à une relation humaine brute et sincère. Elles nous rappellent que l'intimité ne nécessite pas toujours une histoire partagée, mais simplement une présence, une ouverture et une humanité commune. En sociologie du voyage, ces interactions sont parfois qualifiées « d'intimités éphémères », des liens puissants formés dans des contextes transitoires qui, bien que fugaces, peuvent avoir un impact durable.

Cependant, la connexion lors de voyage comporte aussi des complexités. Les malentendus culturels, les barrières linguistiques et les différences de normes peuvent créer de la distance. De plus, toutes les expériences de voyage ne favorisent pas la profondeur. Le tourisme de masse, les itinéraires surchargés et les voyages de groupe fortement médiatisés peuvent limiter la spontanéité et l'authenticité. Dans ces contextes, la connexion devient performative, construite pour les réseaux sociaux ou le statut, plutôt que pour la compréhension mutuelle.

Favoriser une connexion authentique implique avant tout une intention dans la manière d'entrer en relation. Cela signifie aborder les autres avec curiosité plutôt qu'avec présupposés, écouter sans attente, et laisser place à l'inconfort et à la différence. Cela implique aussi de reconnaître l'éthique relationnelle du voyage, en étant conscient des dynamiques de privilège, de pouvoir et de représentation dans les échanges interculturels.

La véritable connexion ne relève ni de la consommation ni du divertissement. Elle repose sur la réciprocité et le respect mutuel. À mesure que la technologie médiatise nos interactions par des applications de traduction, des avis numériques et des expériences organisées, il devient d'autant plus essentiel de préserver des espaces pour la rencontre humaine non structurée. Les algorithmes peuvent nous guider vers des lieux, mais ils ne peuvent reproduire le rire spontané d'une découverte partagée ni la vulnérabilité de se perdre ensemble. Ces moments ne se standardisent pas, et ils n'en ont pas besoin. Leur force réside précisément dans leur texture humaine et unique.

À une époque où la solitude progresse et où les liens communautaires s'effritent, le voyage partagé est plus important que jamais. Le voyage offre une occasion rare de se reconnecter non seulement au monde, mais aussi aux autres. Il constitue également l'une des formes les plus sous-estimées de développement du leadership et de l'intelligence relationnelle. Lorsque des personnes évoluent ensemble dans des environnements inconnus, leurs modes de communication, leurs tendances émotionnelles et leurs valeurs se révèlent plus rapidement que dans des contextes routiniers. Les familles renforcent leur confiance et leur adaptabilité. Les équipes dirigeantes développent cohésion et humilité. Les couples apprennent la patience et la corégulation. Les amis deviennent des repères durables à travers des moments de défi et d'émerveillement.

À une époque où les interactions médiatisées remplacent souvent l'expérience incarnée, le voyage partagé intentionnel devient un antidote. Il construit la résilience sociale, la fluidité émotionnelle et la capacité à coopérer dans l'incertitude. Dans les moments de présence mutuelle, d'émerveillement partagé et de sens co-construit, nous retrouvons ce qui nous relie, même à travers de profondes différences.

Dans le prochain chapitre, nous examinerons comment le langage, la culture et l'humilité façonnent notre expérience du monde. Que signifie écouter véritablement, entrer dans le cadre de référence de l'autre, et voyager non seulement avec conscience, mais aussi avec respect profond.

Langue, culture et Humilité

Voyager au-delà des frontières, c'est entrer dans le récit de quelqu'un d'autre. Chaque culture possède son propre rythme, sa propre logique, et ses propres attentes quant à la manière dont la vie se déroule. Pour le voyageur, entrer dans cet espace demande plus que de l'observation. Cela exige de l'humilité.

Dans ce chapitre, nous examinons comment la langue et la culture façonnent notre expérience du monde, et pourquoi l'humilité n'est pas seulement une vertu, mais une compétence essentielle pour une exploration porteuse de sens. La langue est bien plus qu'un simple outil de communication. Elle contient des indices sociaux et des priorités qui restent souvent invisibles pour les locuteurs, mais qui deviennent évidents lorsqu'on compare différentes langues. Ces schémas intégrés n'existent pas isolément. Ils interagissent avec des cadres culturels plus larges. La théorie des dimensions culturelles, développée par Geert Hofstede, aide à comprendre ces modèles partagés en montrant comment les sociétés diffèrent selon des critères tels que l'individualisme, la distance hiérarchique, l'évitement de l'incertitude et l'orientation temporelle.

THÉORIE DES DIMENSIONS CULTURELLES

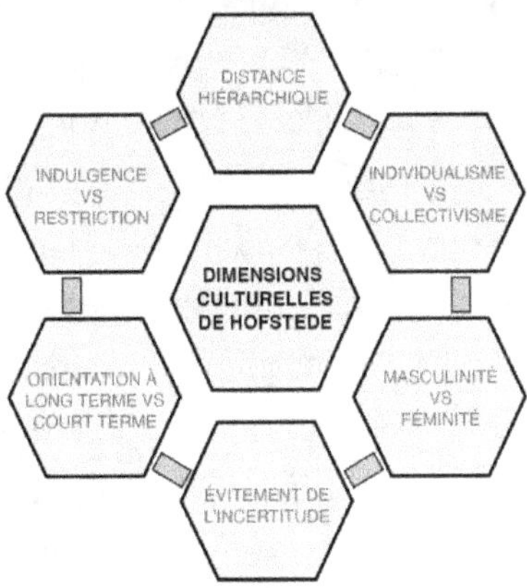

La structure d'une langue influence la manière dont ses locuteurs perçoivent le temps, les émotions, les relations et même l'espace. Par exemple, certaines langues utilisent des directions absolues, nord, sud, plutôt que relatives, gauche, droite, ce qui favorise une orientation spatiale plus développée. D'autres attribuent un genre aux objets inanimés, ce qui peut influencer subtilement la perception et le comportement. Les linguistes appellent cela l'hypothèse de la relativité linguistique, selon laquelle la langue façonne la pensée.

Lorsque nous voyageons et interagissons avec des langues inconnues, nous ne traduisons pas seulement des mots. Nous traduisons des cadres de sens. Tenter d'apprendre ou de parler une autre langue, même imparfaitement, constitue un acte puissant de respect. Cela signale une volonté de sortir de sa zone de confort et d'entrer en relation avec le monde selon les codes de l'autre. Ce type d'apprentissage active plusieurs systèmes cérébraux, notamment ceux impliqués dans la mémoire, l'empathie et la résolution de problèmes. L'acquisition d'une langue étrangère développe la flexibilité cognitive et affine la sensibilité aux nuances, non seulement lexicales, mais aussi comportementales et culturelles. Mais l'humilité en voyage ne se limite pas à la langue. Elle consiste à reconnaître que notre manière de faire n'est pas la seule possible, et que notre perspective est façonnée par notre culture autant que celle des autres.

L'humilité culturelle repose sur un processus continu de réflexion personnelle et d'apprentissage, en particulier face à la différence. Elle ne se confond pas avec la compétence culturelle, qui peut parfois suggérer une forme de maîtrise. L'humilité culturelle commence au contraire par l'acceptation que nous ne savons pas tout et que nous ne pouvons pas tout savoir. Elle invite à la curiosité, à la patience et à l'ouverture à la correction. Elle place l'esprit dans une dynamique de croissance, où chaque situation devient une occasion d'apprendre.

Sur le plan psychologique, l'humilité réduit les mécanismes défensifs et augmente la capacité d'apprentissage. Elle apaise l'ego, permettant l'intégration de nouvelles informations sans jugement immédiat. Cet état d'esprit est essentiel en voyage, où les choses ne se déroulent pas toujours comme prévu et où les suppositions peuvent rapidement mener à des malentendus. Il renforce également notre résilience face au changement.

Les sciences cognitives montrent que lorsque nous abordons une situation avec humilité intellectuelle, nous sommes plus enclins à réviser nos croyances, à considérer des points de vue alternatifs et à connaître une croissance émotionnelle. Les expériences interculturelles constituent un terrain fertile pour développer cet état d'esprit. Elles remettent souvent en question nos conceptions de la politesse, du temps, de l'hospitalité ou de l'espace personnel. Ce qui est perçu comme impoli dans une culture peut être considéré comme respectueux dans une autre. Ce qui est jugé efficace dans un contexte peut sembler brusque dans un autre. Ces tensions ne sont pas des échecs du voyage. Elles en sont les leçons fondamentales.

Il est également essentiel de reconnaître les dynamiques de pouvoir. Les voyageurs circulent avec des passeports offrant des niveaux d'accès inégaux, des monnaies dont la valeur varie, et des identités associées à des privilèges différents. Le voyage éthique exige une conscience de ces réalités et un engagement à interagir de manière réciproque plutôt qu'extractive. Cela peut passer par le choix d'hébergements locaux, le soutien au tourisme communautaire, ou simplement par une écoute attentive.

Considérations pour le voyageur. Dans la pratique, l'humilité culturelle s'exprime par de petits gestes : demander l'autorisation avant de prendre une photo, apprendre quelques mots de la langue locale, observer avant de participer, reconnaître que l'on ne comprend pas toujours. Elle se manifeste dans la pause avant de supposer, dans la question posée avec sincérité, dans l'acceptation de l'inconfort. Ces attitudes approfondissent l'expérience du voyage et construisent la confiance, le respect et une humanité partagée.

Dans un monde de plus en plus polarisé par les incompréhensions et les tensions culturelles, le voyage peut devenir une force de rapprochement s'il est pratiqué avec humilité. Il nous rappelle que le monde est vaste, que les êtres humains sont infiniment complexes, et que la sagesse commence par l'écoute. Voyager humblement, c'est avancer avec légèreté, parler avec discernement et prêter attention non seulement à ce qui est différent, mais aussi à ce que cela révèle de nous-mêmes.

L'humilité en voyage ouvre également la voie à la régénération. Il ne s'agit pas seulement d'apprendre d'un lieu, mais de contribuer à son bien-être. Les voyageurs régénératifs vont au-delà de la simple réduction des impacts négatifs pour participer activement à la préservation du patrimoine culturel, au soutien de la biodiversité et à la valorisation des savoirs locaux. Cette approche transforme le voyage, de la consommation à la réciprocité, de la simple présence à la participation, du passage à la création d'empreintes positives. Lorsque l'humilité guide nos actions, le voyage devient une pratique de responsabilité partagée envers les biens culturels et écologiques qui nous appartiennent collectivement.

La psychologie du sentiment d'appartenance à l'étranger

Il existe un moment particulier, familier à de nombreux voyageurs : celui où l'on entre dans un nouveau lieu et où l'on ressent un léger déplacement intérieur. Pas tout à fait chez soi, pas entièrement étranger. Un sentiment de possibilité, accompagné d'une question silencieuse : « Où est ma place ici ? »

Le sentiment d'appartenance à l'étranger n'est ni automatique ni garanti. Il se construit, se négocie et se ressent par fragments avant de s'enraciner. Et si l'acte physique du voyage occupe souvent notre imaginaire collectif, le travail psychologique qui l'accompagne, apprendre à appartenir à un lieu sans possession, sans attente ni sentiment de droit, constitue l'une de ses dimensions les plus transformatrices. Appartenir ailleurs, c'est tenir ensemble deux vérités : nous sommes des invités, et nous sommes capables de créer du lien partout où des êtres humains se rassemblent.

Les psychologues décrivent l'appartenance comme un besoin humain fondamental, aussi essentiel que la sécurité ou la nourriture. À l'étranger, ce besoin prend une texture particulière. Nos repères identitaires familiers, profession, accent, routines, perdent leur pouvoir d'ancrage. Les rôles sociaux deviennent plus fluides. Les signaux qui permettaient autrefois d'indiquer « qui nous sommes » s'estompent, et dans ce vide, nous découvrons une version plus essentielle de nous-mêmes.

Le voyage nous expose à l'architecture relationnelle de l'appartenance. Nous apprenons que celle-ci ne découle pas de la géographie, mais de la participation. Acheter des fruits chaque matin au marché du quartier. Saluer chaleureusement le propriétaire du café. S'asseoir suffisamment longtemps dans un parc pour qu'un inconnu devienne familier. Le rythme de la présence répétée nous rend visibles aux autres, et dans cette reconnaissance, nous commençons à être portés par le lieu.

L'appartenance à l'étranger révèle également la psychologie de l'expansion identitaire. Les environnements nouveaux nous invitent à nous adapter, à écouter davantage qu'à parler, à observer avant de conclure, à adopter l'humilité comme posture durable plutôt que comme pratique occasionnelle. Avec le temps, ces micro-ajustements transforment notre perception de nous-mêmes. Nous devenons plus ouverts, plus nuancés, plus capables d'accueillir plusieurs vérités culturelles sans nous fragmenter. Il y a une vulnérabilité à entrer dans un contexte qui n'est pas conçu pour nous. La solitude, les malentendus, les frictions culturelles et l'absence de repères peuvent être déstabilisants. Mais ces moments ne sont pas des échecs de l'appartenance. Ils en sont le parcours d'apprentissage. Ils renforcent la résilience, l'empathie et la perspective. Ils nous enseignent que l'appartenance n'est pas synonyme de confort, mais de participation à la complexité.

La véritable appartenance à l'étranger n'efface pas les différences. Elle les honore. Elle nous invite à nous présenter non comme des spectateurs, mais comme des participants respectueux à l'histoire vivante d'un lieu. Elle nous demande d'être transformés, pas seulement accueillis. Elle nous rappelle que l'appartenance n'est pas une possession, mais une relation.

Et peut-être ou surtout, appartenir ailleurs transforme notre manière d'appartenir chez nous. En revenant, nous remarquons ce que nous négligions autrefois : le rythme des rues familières, les rituels culturels implicites que nous tenions pour acquis, les personnes et les lieux qui façonnent notre identité. Le monde extérieur nous restitue le monde intérieur avec une clarté renouvelée. En apprenant à appartenir ailleurs, nous apprenons à appartenir plus consciemment partout.

Voyage et pouvoir -
Privilège, accès et équité

Traverser des frontières n'est jamais un simple acte logistique. C'est une négociation du pouvoir, visible et invisible, historique et contemporain. Chaque tampon sur un passeport, chaque exemption de visa, chaque passage à la douane est façonné par des structures bien plus vastes que l'individu qui tient les documents.

Le voyage paraît personnel, mais il existe à l'intérieur de systèmes : histoires géopolitiques, hiérarchies économiques, biais raciaux et culturels, inégalités héritées, et accès déterminé autant par le hasard que par le choix. Explorer le monde est un privilège, et le nier, c'est mal comprendre le terrain sur lequel nous nous déplaçons. Lorsque nous reconnaissons les réalités inégales qui sous-tendent la mobilité, nous voyageons avec davantage de conscience, de curiosité et d'humilité, plutôt qu'avec un sentiment d'acquis. Le pouvoir voyage avec nous. Il se manifeste dans le passeport que nous portons.

- La monnaie que nous utilisons.

- La langue que nous parlons.

- La couleur de notre peau.

- Les stéréotypes projetés sur nous, ou absents de nous.

Pour certains, les frontières s'ouvrent comme des invitations. Pour d'autres, elles s'accompagnent d'interrogatoires, de surveillance, de suspicion. Un voyageur traverse la sécurité avec aisance ; un autre prépare son récit à l'avance, répétant sa légitimité. Le droit au mouvement n'est pas équitablement réparti et ne l'a jamais été. Ce déséquilibre n'est pas seulement géopolitique, il est aussi psychologique.

Le voyage peut renforcer les hiérarchies : « l'initié » et le « visiteur », le « citoyen du monde » et le « local », « l'observateur » et « l'observé ».

Lorsque le déplacement devient une extraction de culture, d'images, de travail, d'environnement, il fait écho à d'anciens systèmes de domination. Mais le voyage peut aussi interrompre ces schémas. Il peut devenir une pratique de reconnaissance plutôt que de consommation. Une manière de voir le pouvoir au lieu de bénéficier de son invisibilité.

Voyager consciemment, c'est se demander :

- Qui ne peut pas se déplacer là où je me déplace ?

- Qui prépare mon arrivée en coulisses ?

- Dans quelle culture est-ce que j'entre, et quelles histoires porte-t-elle ?

- Quels récits est-ce que j'emporte avec moi, et lesquels j'hérite ?

- Est-ce que j'entre comme apprenant ou comme consommateur ?

Ces questions ne diminuent pas la joie du voyage, elles l'approfondissent. Elles transforment les moments de privilège en moments de responsabilité et de réciprocité. Elles nous rappellent que nous sommes des invités, jamais propriétaires des histoires ou des espaces d'autrui.

L'inégalité dans le voyage est une réalité indéniable. La reconnaître est la première étape : vers la conscience, la responsabilité, et la volonté de voir qui est inclus, qui est exclu, et qui en subit les conséquences. Si le voyage nous ouvre, il peut aussi nous aveugler lorsque nous ne regardons pas au-delà de l'horizon des cartes postales.

La prochaine ère du mouvement appartiendra à celles et ceux capables de tenir ensemble :

- La joie et la responsabilité,

- L'émerveillement et la conscience,

- La liberté et la redevabilité.

Bien voyager dans le monde, ce n'est pas prendre à la légère le privilège du mouvement, mais le porter avec intention, voyager avec délicatesse, gratitude et solidarité envers celles et ceux dont les vies sont façonnées par des frontières qu'ils ne peuvent franchir. Lorsque le voyage devient non seulement un accès, mais une capacité d'agir exercée avec soin, il passe du statut d'avantage à celui de responsabilité collective. Il devient non seulement une expérience personnelle, mais un acte éthique partagé. Dans ce changement, le mouvement devient plus puissant.

Avec cela, nous concluons la Partie 3 et nous nous préparons à nous tourner vers l'intérieur. Dans la section suivante, nous explorerons la dimension intérieure de l'exploration : l'état d'esprit qui émerge non seulement du déplacement dans le monde, mais aussi de la réflexion et de l'intégration.

Réflexions pour les voyageurs

Pour intégrer les idées de la Partie 3, considérez :

- Développez votre tolérance à l'inconnu. Acceptez une incertitude maîtrisée. Les expériences trop encadrées ne nous rendent pas plus forts, elles nous rendent dépendants.

- Utilisez la technologie, sans la laisser vous utiliser. Laissez les algorithmes informer, non gouverner. Faites place à l'émerveillement, aux erreurs et à la découverte.

- Soyez une présence régénératrice. Laissez les lieux, les écosystèmes et les communautés en meilleur état que vous ne les avez trouvés, matériellement et humainement.

- Voyagez comme un véritable invité, pas comme un consommateur. Apprenez les codes, pratiquez la langue, cherchez le contexte, respectez les rythmes locaux.

- Construisez des souvenirs partagés. Voyagez avec des personnes qui comptent. Investissez dans l'expérience collective : elle multiplie la confiance et la profondeur émotionnelle.

- Ancrez-vous intérieurement. La mobilité extérieure exige une stabilité intérieure : routines, réflexion, sens.

- Restez curieux, restez humain. L'adaptation, l'humilité et la connexion authentique sont les compétences clés de l'explorateur moderne.

PARTIE 4

Devenir un explorateur conscient

"La joie de vivre naît de nos rencontres avec de nouvelles expériences, et il n'est donc pas de plus grande joie que d'avoir un horizon en perpétuel changement."

- *Christopher McCandless*

Chaque voyage possède un chemin extérieur et un chemin intérieur. Si l'itinéraire concret peut inclure des avions, des trains et des passages de frontières, les mouvements les plus profonds se produisent souvent sous la surface, dans les transformations de l'état d'esprit.

La partie 4 se tourne vers l'intérieur et explore ce que signifie devenir un explorateur conscient : une personne qui voyage non seulement pour voir le monde, mais aussi pour mieux se comprendre à travers lui. Cette section dépasse les destinations pour se concentrer sur la conscience et la présence. Quelles capacités intérieures font de nous de meilleurs voyageurs, et comment nos expériences extérieures façonnent-elles notre transformation intérieure ?

À travers les cultures et les disciplines, l'idée du voyage comme pèlerinage et comme forme d'évolution personnelle est aussi ancienne que le mouvement humain lui-même. Dans le monde moderne, où le voyage est plus accessible et plus rapide, nous devons nous demander : comment faire en sorte que les enseignements de la route ne se perdent pas dans le mouvement ? Comment s'arrêter suffisamment longtemps pour intégrer ce que nous rencontrons ? Au cœur de cette réflexion se trouve l'état d'esprit. Être un voyageur conscient, c'est s'engager intentionnellement avec son environnement, ses réactions et son dialogue intérieur. C'est remarquer non seulement où nous sommes, mais aussi comment nous sommes. Cela exige la capacité d'écouter profondément et sans interruption, les personnes, les lieux et soi-même. Dans un monde qui valorise le mouvement, la présence devient un acte radical.

Dans les chapitres suivants, nous explorons des pratiques qui soutiennent ce voyage intérieur. Nous examinons le pouvoir de l'écoute comme compétence de voyage, non seulement dans la conversation, mais aussi dans l'attention portée au silence, aux émotions et aux récits. Nous réfléchissons à ce que signifie rentrer chez soi transformé, et à la manière de transmettre dans la vie quotidienne les enseignements acquis à l'étranger. Enfin, nous redéfinissons le voyage lui-même comme un état d'esprit, défini moins par la distance physique que par la perspective, la réflexion et l'ouverture à la croissance.

Devenir un explorateur conscient est un parcours qui consiste à cultiver la capacité de vivre avec les questions, de tolérer l'ambiguïté et de rester réceptif à la transformation. Il s'agit de traverser le monde non pas avec certitude, mais avec curiosité et bienveillance.

Un explorateur conscient considère également le travail intérieur comme une discipline pratique aux bénéfices concrets, à mesure que son identité sociale évolue : une prise de décision plus claire, des émotions plus stables sous pression, des relations plus riches en voyage, et des souvenirs bien plus durables. Lorsque la présence s'approfondit, le rendement de chaque kilomètre parcouru augmente. Au lieu de courir après la prochaine expérience, nous absorbons celle qui se trouve devant nous. Cet état d'esprit se renforce avec le temps : plus nous entraînons notre attention et notre humilité, plus chaque voyage apporte bien-être, sagesse et capacité à contribuer.

L'état d'esprit de l'écoute

À l'ère de la diffusion permanente, où les opinions sont partagées instantanément et où les plateformes valorisent la rapidité au détriment de la profondeur, la capacité d'écoute n'a jamais été aussi menacée, ni aussi essentielle. Pour le voyageur conscient, écouter n'est pas un acte passif. C'est un état d'esprit, une approche intentionnelle et cultivée de la relation au monde, qui commence par la curiosité, exige la présence et honore la complexité.

Dans ce chapitre, nous explorons l'écoute comme une pratique transformatrice du voyage. Elle permet de comprendre les autres, de s'accorder au contexte et d'approfondir la connaissance de soi. Notre perception individuelle de la réalité est imparfaite. Ce n'est qu'en écoutant les autres qu'une réalité plus juste peut émerger.

L'écoute en voyage dépasse largement la conversation. Elle inclut l'attention portée aux gestes, aux intonations, aux silences, à l'environnement et aux nuances culturelles. Elle consiste à percevoir ce qui n'est pas dit, à ressentir l'atmosphère d'un lieu, et à être suffisamment présent pour laisser le sens émerger selon ses propres termes. Cette forme d'écoute s'ancre dans la cognition incarnée, une approche psychologique qui reconnaît que la perception n'est pas seulement mentale, mais aussi physique et émotionnelle. Nous écoutons avec notre corps, avec notre système nerveux, avec la posture même de notre présence.

Lorsque nous voyageons, une grande partie de ce que nous apprenons passe par l'observation. Bien avant de maîtriser la langue ou de comprendre les codes, nous observons la manière dont les personnes se déplacent, interagissent et communiquent du sens.

La théorie de l'apprentissage social éclaire ce processus en montrant comment l'attention, la mémoire et la motivation façonnent l'acquisition de comportements dans des environnements inconnus. Par exemple, un voyageur au Japon remarquera rapidement la manière discrète dont les passagers montent dans les transports publics et adoptera instinctivement ce comportement, non parce qu'on le lui a expliqué, mais parce qu'il l'a observé, mémorisé et reproduit.

THÉORIE DE L'APPRENTISSAGE SOCIAL

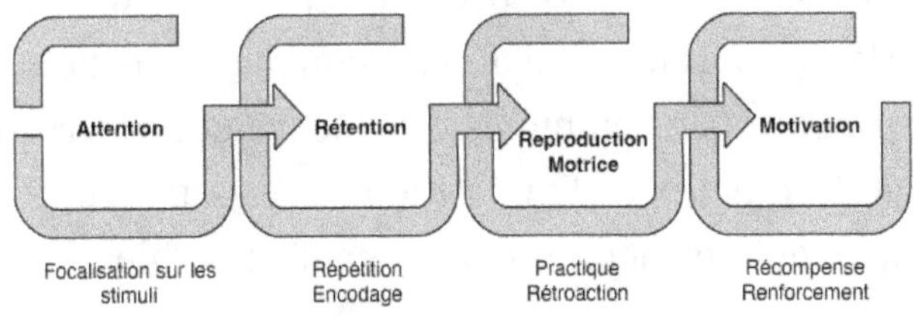

L'écoute profonde mobilise des réseaux cérébraux liés à l'empathie, à la mémoire et aux fonctions exécutives. Des régions telles que la jonction temporo-pariétale et l'insula antérieure, associées à la prise de perspective et à la résonance émotionnelle, sont particulièrement actives lorsque nous sommes pleinement présents à l'expérience d'autrui. Écouter apaise le mode narratif par défaut du cerveau et oriente l'attention vers l'extérieur, créant un espace de compréhension moins filtré par les suppositions et davantage accordé à la parole de l'autre.

Dans les contextes interculturels, cette capacité devient encore plus essentielle. Les barrières linguistiques, les normes sociales et les cadres inconnus rendent la communication fragile. Lorsque nous nous appuyons uniquement sur la parole ou l'interprétation, les malentendus deviennent presque inévitables. Mais lorsque nous plaçons l'écoute au premier plan, en suspendant le jugement et en nous accordant au contexte, nous favorisons un échange plus réciproque et respectueux. Les anthropologues parlent souvent « d'observation participante » : apprendre par l'humilité, la présence et l'observation plutôt que par l'imposition. L'écoute constitue également un chemin central vers l'empathie.

L'empathie en voyage ne consiste pas simplement à ressentir ce que l'autre ressent, mais à reconnaître la légitimité de son expérience. Elle implique d'accepter que chaque histoire rencontrée soit façonnée par des forces que nous ne comprenons pas toujours, notamment des contextes historiques profonds. Écouter ainsi, c'est reconnaître que nous n'entrons jamais dans des espaces neutres. Nous arrivons en tant qu'invités, apprenants, et parfois représentants de systèmes complexes. Le voyageur conscient écoute avec cette lucidité.

Sur le plan psychologique, l'écoute renforce aussi la métacognition, notre capacité à réfléchir sur notre propre pensée. En écoutant les autres, nous sommes confrontés à des logiques, des présupposés et des visions du monde différents. Ces contrastes suscitent un questionnement intérieur : Pourquoi est-ce que je pense ainsi ? D'où vient cette croyance ? Qu'est-ce que je ne vois pas ? Ainsi, l'écoute devient un outil d'alignement intérieur. Elle affine la conscience de soi et approfondit la croissance personnelle.

Pratiquer l'état d'esprit de l'écoute demande de l'intention. Cela peut signifier ralentir, poser moins de questions, et laisser le silence s'étirer au-delà de ce qui est confortable. Cela peut impliquer de rester curieux lorsque nous nous sentons sur la défensive, ou de différer l'interprétation jusqu'à disposer de plus de contexte. Ces micro-moments de retenue ne sont pas une faiblesse ; ils constituent la discipline de la présence. Ils favorisent une compréhension plus riche, des relations plus authentiques et moins de jugements hâtifs.

Il est important de souligner qu'écouter ne signifie ni être d'accord ni être passif. Cela signifie créer de l'espace. Accueillir l'ambiguïté. Permettre à l'autre d'être pleinement vu et entendu sans chercher à corriger, comparer ou contrôler. En voyage, cela peut consister à s'asseoir sur un marché sans appareil photo, à assister à une cérémonie religieuse sans commentaire, ou à écouter une histoire sans y superposer la sienne. Ces gestes sont discrets, mais profonds. Ils disent au monde : « Je suis ici, et je suis prêt à apprendre. »

Dans un monde fragmenté, l'écoute est un acte de lien. Elle permet de franchir les frontières sans effacer les différences. Elle invite à la profondeur dans une culture de surface, et cultive la paix dans un climat de bruit. Pour le voyageur, elle est à la fois méthode et posture intérieure, élargissant la compréhension et transformant, avec le temps, notre manière d'habiter le monde.

Dans le prochain chapitre, nous explorerons ce qui se passe après la fin du voyage. Comment revenir transformé ? Comment prolonger les enseignements du chemin ? Et que signifie intégrer le voyage non seulement dans la mémoire, mais dans l'histoire vivante de ce que nous devenons ?

L'écoute régénère également les écosystèmes sociaux que nous traversons. Lorsque nous privilégions l'attention plutôt que l'affirmation, nous réduisons les frictions, respectons les contextes et créons des espaces de confiance, même dans des lieux fatigués par un tourisme précipité. Concrètement, cela signifie apprendre les prénoms, demander le consentement, inviter les voix locales à raconter leur propre histoire, et laisser le silence respirer. Avec le temps, ces choix transforment le voyage, passant de l'extraction à la réciprocité, et laissant derrière eux des relations plus fortes qu'à notre arrivée.

Rentrer transformé - Les neurosciences de la mémoire et de l'expérience

Chaque voyage se termine par un retour. Mais revenir n'est pas la même chose que retourner en arrière. Pour celles et ceux qui ont voyagé avec attention, ouverture et réflexion, le retour à la maison est souvent l'une des étapes les plus complexes de l'expérience. C'est un moment de transition entre le mouvement et l'immobilité, entre l'expansion et la réintégration, entre la personne qui est partie et celle qui revient aujourd'hui.

Dans ce chapitre, nous explorons ce que signifie rentrer transformé, et comment intégrer la croissance, les prises de conscience et le désarroi qui suivent souvent un voyage porteur de sens.

Le processus de retour est souvent sous-estimé. Alors que l'on accorde beaucoup d'attention à la préparation du départ, on en consacre bien moins au terrain psychologique et émotionnel du retour. Pourtant, de nombreux voyageurs ressentent de l'agitation, un sentiment de déconnexion, voire une forme de tristesse en rentrant. Ce ne sont pas des signes d'échec ou d'insatisfaction. Ils indiquent qu'une transformation a eu lieu. La carte intérieure ne correspond plus tout à fait au paysage extérieur. Ce qui semblait autrefois normal peut désormais paraître contraignant. Ce qui passait inaperçu prend soudain de l'importance.

D'un point de vue psychologique, il s'agit d'un cas classique de liminalité, cet état intermédiaire entre deux identités, où l'on n'est plus tout à fait celui que l'on était, sans être encore celui que l'on devient. Le voyage, surtout lorsqu'il est immersif ou prolongé, agit comme une expérience liminale. Il nous extrait du connu et nous plonge dans l'inconnu, où nos rôles, nos routines et nos certitudes sont suspendus. Au retour, il nous faut nous réintégrer, réconcilier la personne que nous sommes devenus avec le contexte que nous avions quitté. Ce processus n'est pas toujours fluide.

Les expériences de voyage marquées par la nouveauté, l'émotion et la réflexion sont plus susceptibles de former des souvenirs durables, car le cerveau les encode plus profondément. Ces changements sont physiologiques. Les réseaux impliqués dans l'autoréflexion et la pertinence émotionnelle, notamment le réseau du mode par défaut et le réseau de saillance, se réorganisent lorsque nous rencontrons de nouveaux environnements et de nouvelles perspectives. De retour dans des cadres familiers, ces nouveaux schémas peuvent entrer en tension avec nos habitudes et croyances antérieures, obligeant le cerveau à chercher un nouvel équilibre. Ce processus est essentiel. C'est ainsi que les souvenirs de voyage deviennent porteurs de sens dans la vie quotidienne, orientent nos décisions, façonnent nos points de vue et influencent nos réactions futures.

La clé pour traverser cette dissonance réside dans l'intégration. L'intégration est le processus par lequel les nouvelles expériences se transforment en compréhension durable. Elle exige une réflexion intentionnelle. Qu'ai-je appris ? Comment ai-je changé ? Qu'est-ce qui compte davantage, ou moins, qu'auparavant ?

Cette réflexion peut prendre de nombreuses formes : écriture, conversation, solitude, création artistique, dialogue communautaire. Sans intégration, les enseignements du voyage restent fragmentés. Intégrer signifie aussi observer la manière dont nous réinvestissons notre environnement. Parvenons-nous à conserver de nouvelles pratiques, comme la lenteur, la gratitude, la présence, de nouvelles recettes, ou revenons-nous à nos anciens schémas par habitude ou facilité ? Cette tension est naturelle. Le changement durable est rarement immédiat. Mais en préservant ne serait-ce qu'une nouvelle habitude ou un nouveau regard, nous affirmons la valeur de notre parcours.

Il existe également une dimension sociale au fait de rentrer transformé. Partager ses expériences fait partie du processus d'intégration, mais cela demande du discernement. Tout le monde ne comprendra pas ce que nous avons vu ou ressenti. Certains seront curieux, d'autres indifférents, voire réticents. Le défi consiste alors à éviter la mise en scène, à ne pas réduire des expériences complexes à des résumés spectaculaires ou à des leçons morales, et à proposer plutôt des récits qui invitent à la connexion et à la curiosité.

L'écoute devient aussi importante au retour qu'elle l'était pendant le voyage. Pour celles et ceux qui voyagent régulièrement, ce cycle de départ et de retour fait partie du rythme de la vie. Mais chaque retour reste une occasion de recalibrer ses priorités, de redéfinir ce que signifie « chez soi », d'insuffler une énergie nouvelle dans des espaces familiers. En ce sens, rentrer n'est pas un recul, mais une nouvelle étape. Le monde n'a pas changé, mais nous, si. Et dans ce regard transformé, de nouvelles possibilités apparaissent.

Le philosophe Martin Buber écrivait : « Tous les voyages ont des destinations secrètes dont le voyageur n'a pas conscience. » Souvent, l'une de ces destinations est le soi, un lieu intérieur que l'on atteint seulement après que le voyage extérieur s'est accompli. Rentrer transformé, c'est reconnaître que nous avons touché cet espace, même brièvement, et lui permettre d'orienter notre chemin.

Dans le dernier chapitre de cette section, nous examinerons ce qui se produit lorsque le voyage n'est plus défini par le déplacement. Et si l'état d'esprit du voyageur, curieux, ouvert, adaptable, pouvait accompagner notre quotidien ? Et si voyager devenait moins une question de géographie qu'une manière de regarder le monde ?

L'intégration est le moment où le courage remplace la performance. Elle nous invite à échanger le confort des récits spectaculaires contre la discipline de l'adaptation concrète de nos comportements, par exemple dans notre manière de dépenser, d'organiser notre temps, de parler des autres cultures chez nous, ou d'accueillir les voyageurs dans notre propre ville. Traitez le retour comme un laboratoire de conception : distillez les apprentissages, traduisez-les en comportements, testez-les dans la durée. La véritable mesure d'un voyage ne réside pas dans ce que nous avons publié en route, mais dans ce que nous pratiquons une fois rentrés.

Le voyage comme état d'esprit

Et si le voyage n'avait jamais été uniquement une question de géographie ? Et si l'essence même de l'exploration, la curiosité, l'attention et la transformation qu'elle suscite, pouvait être vécue sans franchir de frontières ?

Dans ce chapitre de la quatrième partie, nous explorons l'idée que le voyage, dans sa forme la plus puissante, relève moins des lieux que du regard que nous portons sur le monde. Que l'état d'esprit cultivé par un voyage porteur de sens, fait d'ouverture, d'émerveillement et d'engagement, peut devenir une manière d'être, où que nous soyons.

Au cœur de cette idée se trouve la mobilité mentale : la capacité à sortir de nos schémas de pensée habituels, à bousculer nos automatismes, et à regarder le familier avec des yeux neufs. C'est l'équivalent intérieur de la découverte d'une nouvelle ville, de l'immersion dans une culture inconnue, ou même d'un sentier de randonnée proche de chez soi. Les sciences cognitives parlent ici de flexibilité cognitive : l'aptitude à changer de perspective, à s'adapter à des informations nouvelles, et à répondre de manière créative à l'incertitude. C'est une compétence qui peut se cultiver, que l'on voyage physiquement ou non. Le voyage favorise naturellement cette flexibilité en nous confrontant à l'imprévu. Mais, avec intention, ce même basculement intérieur peut aussi se produire chez soi. Il peut naître d'une exploration d'un quartier méconnu de sa propre ville, d'un échange approfondi avec une personne d'un autre horizon, ou de l'apprentissage d'une idée qui remet en question des convictions anciennes.

Ces micro-voyages activent les mêmes réseaux neuronaux liés à la nouveauté, à l'attention et à la charge émotionnelle, surtout lorsque nous les abordons avec curiosité et présence. Cette redéfinition du voyage est particulièrement importante dans un monde où la mobilité est de plus en plus limitée par des contraintes environnementales, politiques ou économiques. Tout le monde ne peut pas voyager librement. Toutes les périodes de vie ne sont pas propices à l'expansion extérieure. Mais la capacité d'exploration intérieure, l'aptitude à observer, questionner et imaginer, reste accessible à tous. Elle démocratise l'esprit du voyage. Elle rend la croissance possible non par la distance, mais par la profondeur.

Adopter le voyage comme état d'esprit est associé à une plus grande résilience et à un meilleur bien-être. Les recherches montrent que la nouveauté et la curiosité sont étroitement liées aux émotions positives et à la santé mentale à long terme. Lorsque nous abordons le monde comme s'il nous était inconnu, même les aspects que nous croyons maîtriser, nous ouvrons la porte à de nouveaux éclairages et à une attention renouvelée. C'est ce que la chercheuse en pleine conscience Ellen Langer appelle « la psychologie du possible » la pratique qui consiste à remarquer la variabilité, à accueillir le changement et à rester attentif au contexte. Cet état d'esprit redéfinit également ce que nous considérons comme porteur de sens. Dans le tourisme traditionnel, la valeur est souvent associée à la distance, au coût ou au spectaculaire. Dans un modèle fondé sur l'état d'esprit, le sens naît de la conscience et de l'intention. Une conversation à un arrêt de bus, une promenade dans un parc de quartier, ou un moment silencieux de réflexion peuvent être aussi transformateurs qu'une aventure lointaine, si nous sommes pleinement présents. L'extraordinaire devient accessible par la qualité de notre attention.

Vivre en explorateur conscient, c'est cultiver cette présence au quotidien. C'est considérer sa propre vie comme un territoire digne d'être cartographié. Nos habitudes, nos relations, nos pensées et nos croyances deviennent des champs d'exploration. Que tiens-je pour acquis ? Quels schémas est-ce que je répète ? Où suis-je appelé à évoluer ? C'est un voyage intérieur, qui exige autant de courage, de curiosité et d'engagement qu'un périple à l'étranger.

Il est important de souligner que cet état d'esprit ne remplace pas le voyage physique, mais en prolonge la valeur. Lorsque nous intégrons l'attitude du voyageur à notre vie quotidienne, chaque expérience gagne en profondeur. Ce que nous apprenons en voyage dépasse le simple souvenir : il devient un guide pour notre quotidien, influençant la manière dont nous travaillons, aimons, créons et interagissons avec le monde. Il rend la vie plus intense, plus connectée, plus vivante. Pour conclure cette quatrième partie, nous invitons les lecteurs à se demander non seulement où ils souhaitent aller, mais aussi comment ils souhaitent être. Que signifierait apporter chaque jour la pleine présence du voyageur ? Écouter avec curiosité, marcher avec émerveillement, répondre avec humilité ? C'est l'état d'esprit de l'avenir, celui qui considère la vie elle-même comme un voyage, et chaque instant comme une occasion de recommencer.

Avec cette perspective en place, nous abordons maintenant la dernière partie du livre : une exploration pratique de la manière dont le voyage peut être réinventé, pour les individus, les industries et les institutions, de façon durable, éthique et tournée vers l'avenir.

Cultiver le « voyage comme état d'esprit » permet aussi de résister à notre addiction contemporaine au confort. Lorsque la vie est excessivement organisée pour le contrôle, comme dans les complexes touristiques, les itinéraires verrouillés ou l'uniformité algorithmique, nos capacités sociales et cognitives s'atrophient. Pour les raviver, il faut introduire de petites doses de risque sain. Laisser des plages non planifiées dans sa journée, préférer des conversations spontanées aux évaluations parfaites, choisir un chemin plus lent et observer. Ces micro-aventures protègent l'adaptabilité, la curiosité et le courage, ces qualités mêmes qui donnent tout leur sens aux grands voyages lorsqu'ils se présentent.

Voyage et bien-être

Le voyage a longtemps été idéalisé comme un antidote au stress, un bouton de réinitialisation, un chemin vers la joie et le renouveau. Pourtant, le bien-être en voyage n'est pas garanti par la distance, les paysages ou l'évasion. Il est façonné par l'intention, l'état d'esprit et le paysage intérieur que nous emportons avec nous. Le mouvement seul ne guérit pas. Ce qui guérit, c'est la manière dont nous nous déplaçons.

Nous voyageons non seulement pour voir le monde, mais pour nous sentir autrement en son sein. Pour respirer plus profondément. Pour retrouver une sensation d'espace. Pour apaiser le bruit du quotidien suffisamment longtemps afin de nous entendre à nouveau. Et pourtant, le voyageur moderne arrive souvent chargé des mêmes fardeaux qu'il cherchait à alléger : urgence, comparaison, distraction, optimisation de soi déguisée en repos. Le voyage devient une tâche supplémentaire. Le repos devient une performance. La présence devient du contenu. Le bien-être en voyage commence avant le départ. Il commence par la décision de partir non pas pour fuir la vie, mais pour s'y reconnecter.

Les recherches en psychologie positive montrent que la nouveauté, l'émerveillement et les ruptures intentionnelles avec la routine activent des circuits neuronaux associés à la résilience émotionnelle et à la flexibilité cognitive. Lorsque nous rencontrons des environnements inconnus, notre attention s'élargit. Notre système nerveux se rééquilibre. Notre perception du temps s'étire. Ces expériences ne nous offrent pas simplement une « pause », elles nous recalibrent.

Pourtant, la paix ne se trouve pas seulement dans les panoramas grandioses ou les retraites isolées. Elle se trouve dans la manière dont nous les accueillons.

La lenteur est un remède.
L'attention est un remède.
L'émerveillement est un remède.

Mais ils exigent de l'espace, intérieur autant qu'extérieur. Le voyage peut nous apaiser, mais il peut aussi révéler ce que nous évitons. Quand l'agenda se libère, les émotions remontent. Quand l'identité se détache de ses rôles habituels, la confusion peut apparaître. Quand le silence remplace le bruit, l'agitation surgit. Ces moments indiquent souvent que quelque chose d'essentiel demande notre attention. Le voyage nous donne suffisamment de distance avec nos routines pour remarquer ce que nous négligeons habituellement et pour comprendre notre paysage intérieur avec plus de clarté.

Le système nerveux réagit puissamment aux lieux. Nous le savons intuitivement lorsque le rivage calme adoucit notre respiration ou qu'un horizon montagneux élargit notre poitrine. Mais la connexion n'est pas passive, nous devons rencontrer le paysage avec présence. Une marche sans écouteurs. Un repas sans photographie. Un matin sans programme précipité. Et le vrai repos n'est pas l'arrêt, c'est le renouvellement.

La connexion, pas le retrait.
Le sens, pas l'évasion.

Le voyage le plus sain n'est pas toujours le plus spectaculaire. C'est celui où nous avons suffisamment dormi, davantage écouté, moins forcé, ressenti plus profondément, et permis au monde de nous adoucir plutôt que de nous stimuler sans cesse.

Le bien-être se trouve aussi dans les limites. Dire non à la surcharge d'activités, aux publications incessantes, et au mythe selon lequel voir plus signifie ressentir plus. Il se trouve dans le respect de nos besoins émotionnels en terrain inconnu : rechercher la solitude lorsque nous sommes saturés, la connexion lorsque nous nous sentons déracinés, et l'immobilité lorsque notre système nerveux demande une pause.

Voyager pour le bien-être, ce n'est pas poursuivre des moments parfaits, mais créer les conditions de moments sincères. C'est laisser les destinations inspirer, et non sauver. Et se souvenir que la part la plus réparatrice du voyage n'est pas la distance avec la maison, mais la proximité avec soi-même. Ainsi, le voyage devient non pas un soulagement temporaire, mais une pratique de renouveau. Une manière de se rappeler comment respirer, comment ressentir, comment être humain dans un monde qui nous pousse souvent à nous dépasser nous-mêmes.

Le voyage se termine, mais le bien-être demeure. L'objectif est de revenir non seulement reposé, mais réorganisé. Non seulement apaisé, mais plus conscient de ce qui nous soutient. Le plus grand cadeau du mouvement n'est pas l'évasion, mais le retour à nos vies avec plus de clarté et une plus grande capacité à vivre pleinement là où nous sommes.

Le paradoxe de la solitude et de la connexion

Le voyage promet la connexion. Nous imaginons des tables partagées, des amitiés nées du hasard, des conversations au bord de l'océan avec des inconnus qui nous semblent instantanément familiers. Et souvent, cela arrive. Pourtant, à côté de cette possibilité de lien profond, existe une vérité plus discrète, rarement exprimée : le voyage peut aussi être profondément solitaire.

Le paradoxe est simple: lorsque nous sommes entourés de nouveaux visages, nous pouvons être d'autant plus conscients de notre solitude. Le mouvement efface la familiarité, les rôles sociaux, la validation quotidienne, la facilité d'être compris sans avoir à s'expliquer. Dans cet espace, la connexion ne vient pas d'elle-même. Elle doit se construire. Et avant qu'elle n'émerge, la solitude apparaît souvent en premier. La solitude en voyage n'est pas un défaut de l'expérience, elle fait partie de son architecture émotionnelle. C'est l'instant qui précède l'appartenance. La pause avant la résonance. L'espace dégagé avant la rencontre.

Sur le plan psychologique, la nouveauté intensifie la sensibilité émotionnelle. Lorsque tout est inconnu, le système nerveux passe en état d'alerte, à la recherche de sécurité et de repères sociaux. Dans ces états amplifiés, l'absence de lien proche se fait ressentir plus vivement. Le cerveau, programmé pour l'appartenance, cherche des points d'ancrage. Lorsqu'il n'en trouve pas immédiatement, il peut interpréter l'isolement comme une menace plutôt que comme une liberté. Pourtant, la solitude peut aussi nous préparer à la connexion d'une manière que le confort ne permet que rarement. Privés de nos relations habituelles, nous devenons plus présents, plus perméables, plus ouverts à la surprise. Nous écoutons autrement. Nous cherchons autrement. Nous remarquons les détails, un sourire, un geste, un contretemps partagé, le rythme de la vie locale. La solitude nous tend vers les autres, elle ne nous en éloigne pas.

Les voyageurs évoquent souvent des moments de connexion brefs mais profonds : un guide dont l'histoire transforme une vision du monde, une conversation en auberge qui devient une confidence, un long trajet en train partagé dans le silence mais intensément vécu, un repas qui efface la distance culturelle. Ces liens ne sont pas le fruit du hasard. Ils naissent de la vulnérabilité. Les neurosciences suggèrent que des expériences partagées et temporaires peuvent activer les circuits de la confiance et de l'empathie lorsque les individus sont exposés ensemble à l'incertitude. En voyage, le contexte commun accélère l'intimité. Les inconnus deviennent des compagnons plus vite qu'à la maison, non parce que la proximité garantit la relation, mais parce que l'ouverture y est plus grande.

Il existe aussi une dimension culturelle. Certaines sociétés expriment naturellement l'hospitalité, d'autres protègent davantage leur intimité. Le voyageur doit apprendre à lire ces signaux, à s'adapter sans exiger une familiarité selon ses propres codes. La connexion doit être invitée, non extraite. Il est important de reconnaître que la solitude n'est pas toujours un problème à résoudre. Elle peut être un enseignement. Elle révèle ce que, et qui, nous manque.

Elle clarifie ce que signifie la connexion au-delà de la géographie. Elle nous rappelle que l'appartenance n'est pas seulement extérieure, elle est aussi intérieure. Mais le paradoxe se renforce à l'ère numérique. L'hyperconnexion nous permet de passer des appels vidéo à travers les océans, mais ces liens peuvent nous apaiser sur le moment tout en nous empêchant de nous ancrer là où nous sommes. La proximité numérique peut affaiblir la nécessité de la présence. Le défi devient alors de discerner quand la connexion nous soutient et quand elle nous protège de l'expérience que nous sommes venus chercher.

Voyager en conscience, c'est accepter que :

Nous pouvons nous sentir seuls sans être perdus. Nous pouvons être seuls sans être abandonnés. Nous pouvons chercher la connexion sans la précipiter, et honorer la solitude sans la craindre. Lorsque nous permettons à la solitude de nous adoucir plutôt que de nous durcir, elle devient une porte plutôt qu'un mur. La connexion n'émerge pas comme une fuite de la solitude, mais comme son expression.

Le voyageur apprend non pas à remplir l'espace, mais à l'habiter, jusqu'à ce que le monde, en retour, fasse un pas vers lui. Au final, le paradoxe est aussi un cadeau: Le voyage nous rend plus conscients de notre désir d'appartenance, et, ce faisant, plus capables d'appartenir partout où nous allons.

La compétence interculturelle - Élargir notre capacité de compréhension

Bien voyager, ce n'est pas seulement observer les différences, c'est apprendre à vivre avec elles avec grâce. La compétence interculturelle est cet ensemble de capacités intérieures qui nous permet d'évoluer dans des paysages culturels inconnus avec empathie, curiosité et adaptabilité. Il ne s'agit pas d'accumuler des connaissances superficielles ni de maîtriser des règles de savoir-vivre, mais de développer la capacité émotionnelle, cognitive et relationnelle à comprendre des mondes autres que le nôtre et à reconnaître les limites de notre propre perspective.

Au cœur de la compétence interculturelle se trouve la conscience de soi. Avant de pouvoir comprendre les autres, nous devons d'abord comprendre les filtres à travers lesquels nous voyons le monde : nos présupposés, notre conditionnement culturel, nos biais et nos angles morts. Nous n'entrons jamais dans une autre culture comme des observateurs neutres ; nous y apportons nos histoires, nos habitudes et nos récits hérités. Le voyageur conscient apprend à reconnaître ces influences non pas avec jugement, mais avec humilité. Chaque culture est un système qui a du sens pour celles et ceux qui y vivent. Ce qui paraît intuitif à l'un peut sembler déroutant à l'autre, non parce qu'une manière serait supérieure à une autre, mais parce que le sens est toujours contextuel.

Sur le plan psychologique, la compétence interculturelle mobilise les réseaux cérébraux liés à la prise de perspective. Ce sont les circuits qui nous aident à imaginer l'expérience d'autrui et à suspendre nos interprétations automatiques. Elle exige une régulation émotionnelle : la capacité à rester dans la confusion ou la contradiction sans chercher immédiatement une conclusion. Elle cultive la flexibilité cognitive et la volonté d'actualiser ses croyances lorsque de nouvelles informations apparaissent. Ce ne sont pas des qualités passives, mais de véritables muscles mentaux qui se développent par l'exposition, la réflexion et l'inconfort.

L'intelligence culturelle ne consiste pas à connaître parfaitement chaque norme ou tradition. Elle réside dans la capacité à aborder de nouveaux environnements avec curiosité plutôt qu'avec jugement, à écouter avant de réagir, et à poser des questions qui ouvrent à la compréhension plutôt qu'à la confirmation. C'est apprendre à ajuster ses styles de communication, à repérer les dynamiques de pouvoir, et à interpréter non seulement les mots, mais aussi les silences, les gestes, les rythmes et les contextes.

La compétence interculturelle approfondit le sentiment d'appartenance en nous permettant de construire des ponts sans exiger que l'autre ressemble à notre « chez-nous ». Elle nous enseigne que plusieurs vérités peuvent coexister, que le sens s'élargit lorsqu'il est partagé, et que la compréhension ne naît pas de la certitude, mais de la présence.

Voyager avec sensibilité interculturelle, c'est parcourir le monde en apprenant plutôt qu'en jugeant. C'est reconnaître que chaque lieu a quelque chose à nous enseigner, non seulement sur les autres, mais aussi sur nous-mêmes. La culture ne vit pas uniquement dans les temples et les marchés ; elle vit en nous, dans nos manières de parler, de nous relier, de supposer et d'interpréter. En développant notre capacité à percevoir la culture, nous développons aussi notre capacité à nous voir avec plus de clarté.

En définitive, la compétence interculturelle n'est pas seulement une aptitude pour le voyage ; c'est une compétence pour la vie globale. Dans un monde où les frontières sont poreuses mais les tensions fortes, où les identités s'entrecroisent et où les récits se confrontent, la capacité d'écouter à travers les différences est essentielle. Elle nous prépare non seulement à traverser le monde, mais aussi à contribuer à façonner un monde digne d'être parcouru.

Le rôle du récit - Le sens au-delà du partage

Nous voyageons pour voir le monde, mais aussi pour lui donner du sens. L'un des moyens les plus anciens dont disposent les êtres humains pour comprendre l'expérience est le récit. Bien avant les passeports, les itinéraires ou les réseaux sociaux, les voyages se transmettaient par la parole, autour des feux de camp, dans les temples, les cours communautaires, autour des tables. Le voyage n'était pas seulement un déplacement : c'était une transmission. Les récits d'horizons lointains façonnaient l'imaginaire, l'identité et la compréhension collective. Voyager, c'était revenir avec un regard neuf et l'offrir comme une contribution.

Aujourd'hui, le storytelling s'est entremêlé à la performance. Le voyageur moderne documente, diffuse, met en scène. Or, le véritable récit n'est pas une performance : c'est l'art de transformer l'expérience en sens, plutôt que de transformer la mémoire en contenu.

Lorsque nous racontons un voyage, nous révélons la manière dont nous avons regardé, pas seulement ce que nous avons vu. Nous parlons à travers nos valeurs, nos jugements, nos espoirs, nos angles morts. Et ce faisant, nous façonnons le monde que nous décrivons. Le récit n'est jamais neutre. Il peut approfondir l'empathie ou renforcer la distance. Il peut donner une voix ou effacer. Il peut construire des ponts ou ériger des frontières. Et il nous aide aussi à consolider ce que nous avons intégré de notre expérience.

La psychologie narrative montre que les histoires ne se contentent pas de rappeler les événements : elles les organisent. Les réseaux neuronaux consolident la mémoire autour du sens, de l'émotion et de la cohérence. En construisant un récit, nous nous construisons nous-mêmes. Nous choisissons ce qui compte. Nous choisissons ce que nous emportons avec nous. Nous décidons de qui nous sommes devenus à travers ce que nous avons rencontré.

Le voyageur conscient se demande :

- Quelle histoire suis-je en train de raconter, et pourquoi ?

- Qui bénéficie de la manière dont je la raconte ?

- Quelles vérités est-ce que je mets en lumière, et lesquelles est-ce que j'ignore ?

Partager de manière responsable, c'est avancer lentement avec ses mots. C'est respecter le contexte. C'est imaginer comment une histoire résonne chez ceux dont elle parle. C'est refuser de transformer les personnes en décor ou la culture en ornement. C'est reconnaître les savoirs locaux, nommer les rapports de pouvoir, et se souvenir que chaque lieu s'appartient d'abord à lui-même, avant toute interprétation. Lorsque le récit est porté par la curiosité et le respect, il devient un acte de création de liens. Il élargit ce que les autres perçoivent comme possible, invite à l'empathie au-delà des frontières et agrandit le cercle de l'appartenance.

Nous ne voyageons pas pour accumuler des histoires, mais pour les approfondir. Pour les raconter d'une manière qui nous rappelle que nos vies sont entremêlées à celles des autres. Pour les raconter sans entamer la dignité. Pour les raconter en nourrissant l'émerveillement plutôt qu'en le consommant.

Au fond, l'histoire du voyage ne concerne pas les lieux que nous traversons. Elle concerne la personne que nous devenons, et le monde que nous contribuons à imaginer, à travers la manière dont nous choisissons de nous souvenir.

Conseils pour les voyageurs

Pour intégrer les idées de la Partie 4, réfléchissez à ceci :

- Pratiquez la micro-écoute au quotidien. Avant de parler, identifiez un détail que vous avez remarqué (ton, geste, contexte) et laissez-le guider votre prochaine question.

- Concevez votre retour. Dans l'avion du retour, choisissez trois enseignements et traduisez chacun en un comportement concret. Planifiez-les sur les trente premiers jours.

- Remplacez la performance par la présence. Avant de publier, demandez-vous : à qui cela sert-il ? Si la réponse est « à ma validation », faites une pause et écrivez plutôt dans un journal.

- Programmez l'incertitude. Laissez 15 à 20 % de votre voyage sans plan pour préserver la sérendipité et la flexibilité.

- Laissez les lieux meilleurs que vous ne les avez trouvés. Apprenez les prénoms, rémunérez équitablement, privilégiez le local, demandez l'autorisation pour les photos, citez vos sources lorsque vous racontez.

- Construisez intentionnellement des expériences partagées. Voyagez avec un partenaire, votre famille ou un groupe autour d'une question commune, et échangez chaque soir.

- Mesurez votre retour sur investissement. Évaluez votre voyage par la clarté acquise, les habitudes transformées et les relations renforcées, plutôt que par les kilomètres parcourus ou les « likes ».

PARTIE 5

Considérations

''Le voyage vous laisse d'abord sans voix, puis il fait de vous un narrateur d'histoires. ''

- Ibn Battuta

À présent, nous avons exploré pourquoi nous voyageons, comment le voyage façonne le cerveau et l'identité, comment l'exploration évolue à l'ère numérique et culturelle, et comment le voyage le plus important peut être intérieur. Mais le voyage ne se déroule jamais dans le vide. Il s'inscrit dans des systèmes plus vastes économiques, environnementaux, technologiques et politiques. Dans cette dernière partie, nous élargissons notre regard pour examiner le cadre global dans lequel s'inscrit le voyage contemporain, ainsi que les choix que nous devons faire pour garantir sa durabilité, son inclusivité et sa pertinence durable en tant que force positive pour les individus et les sociétés.

Nous commençons par nous tourner vers le voyageur, non seulement comme chercheur d'expériences, mais comme acteur d'impact. Que doit prendre en compte le voyageur tourné vers l'avenir avant de partir, pendant le déplacement et au retour ? Comment parcourir le monde avec intention, en étant conscient de notre empreinte écologique, de notre influence culturelle et de notre présence sociale ? Le voyage éthique n'est plus une idée marginale : il est devenu essentiel à l'avenir de la mobilité.

Nous examinons ensuite l'industrie du voyage elle-même, qui traverse un moment décisif. Le tourisme mondial a retrouvé son ampleur, mais pas toujours sa profondeur. Le surtourisme, l'exploitation du travail et les modèles de croissance extractifs menacent l'intégrité de l'expérience et le bien-être des communautés concernées. Comment les entreprises peuvent-elles repenser le voyage non pas en fonction du volume, mais de la valeur ? Quelles innovations, technologiques, expérientielles et relationnelles peuvent aligner le secteur sur les besoins humains et planétaires ?

Le rôle des organisations évolue également. Avec l'essor du travail à distance, des équipes mondiales et du nomadisme professionnel, les entreprises doivent repenser la manière dont elles soutiennent la mobilité, l'engagement interculturel et la présence distribuée. Dans cette partie, nous explorons comment le voyage devient un élément de la culture organisationnelle, de l'apprentissage et de la résilience, et ce que cela implique pour le leadership dans un monde sans frontières.

Enfin, nous concluons l'ouvrage en regardant vers l'horizon : une pratique de prospective stratégique appliquée à l'avenir du voyage. En nous appuyant sur les tendances issues des neurosciences, des sciences du climat, de l'intelligence artificielle et du comportement humain, nous explorons ce qui pourrait venir. Comment la prochaine génération se déplacera-t-elle ? Quelles valeurs la guideront ? Que signifiera « explorer » dans un monde à la fois plus accessible et plus vulnérable ?

La Partie 5 ne propose pas de réponses prescriptives, mais présente plutôt des questions et des cadres de réflexion pour guider les décisions des individus et des institutions. Si le mouvement doit être porteur de sens, il doit aussi être conscient. Si l'état d'esprit du voyageur doit compter, il doit être accompagné d'actions qui honorent la complexité du monde que nous explorons. Ainsi, cette section nous invite à voir le déplacement non seulement comme une expérience, mais comme une participation, une responsabilité partagée dans la construction des paysages culturels, écologiques et émotionnels que nous touchons. L'avenir du voyage appartient à ceux qui se déplacent avec réciprocité, profondeur et intention. Voyageurs et dirigeants doivent comprendre que les parcours porteurs de sens élargissent non seulement notre monde, mais aussi notre sens de la responsabilité envers lui.

Considérations pour le voyageur

À une époque où le voyage est plus accessible, plus visible et plus influent que jamais, la question n'est plus seulement de savoir où aller, mais comment partir. Le voyageur conscient d'aujourd'hui doit se déplacer avec un sens accru de son impact, de ses privilèges et de ses responsabilités.

Ce chapitre explore les considérations pratiques, éthiques et psychologiques qui façonnent un voyage responsable au XXI□ siècle, en proposant un cadre non seulement pour le déplacement, mais aussi pour un engagement porteur de sens.

La première considération, et sans doute la plus fondamentale, est l'intentionnalité. Pourquoi voyageons-nous ? Pour fuir, découvrir, nous relier aux autres, contribuer ? Clarifier son intention avant le départ peut transformer profondément la nature d'un voyage. Cela influence non seulement ce que nous recherchons, mais aussi la manière dont nous réagissons à ce que nous trouvons. Les recherches en psychologie comportementale montrent que le fait de définir des objectifs intentionnels avant une expérience façonne fortement les réponses émotionnelles et la formation des souvenirs. Un voyageur intentionnel est plus susceptible de s'engager de manière significative, d'observer davantage et de réfléchir plus profondément à son expérience. Cela offre aussi des « garde-fous » lorsque nous sommes tentés d'en faire trop.

Vient ensuite la question de l'impact. Chaque voyage laisse une empreinte, qu'elle soit écologique, économique ou culturelle. Le transport aérien contribue aux émissions de carbone. Les infrastructures touristiques peuvent mettre sous pression les ressources locales. Les économies dépendantes du tourisme peuvent être instables et inégalitaires. Ces réalités ne signifient pas qu'il faille cesser de voyager, mais qu'il faut voyager plus intelligemment.

Une consommation réfléchie (choisir une alimentation locale, soutenir des entreprises communautaires, éviter les activités exploitantes) permet de redistribuer la valeur de manière plus équitable et éthique. Les programmes de compensation carbone, les formes de voyage lent et les choix d'hébergement responsables participent d'un rééquilibrage plus large vers la durabilité. Ils peuvent aussi nourrir notre curiosité.

L'essor de l'agrotourisme en est un excellent exemple. Lorsque les voyageurs passent du temps dans des fermes, des vignobles ou des coopératives rurales, ils découvrent comment les aliments sont produits, comment la terre est entretenue et comment fonctionnent les économies locales. Visiter une petite oliveraie dans le sud de l'Italie ou une coopérative de café au Costa Rica permet de comprendre tout le cycle de production, de rencontrer celles et ceux dont le travail soutient la région, et de contribuer directement à l'économie locale, ce que le tourisme de masse néglige souvent. Ces expériences ralentissent le rythme du voyage, orientent l'argent vers des initiatives communautaires et renforcent notre lien aux paysages qui nous soutiennent. L'agrotourisme montre que curiosité et responsabilité peuvent coexister.

La culture générale et culturelle est essentielle en voyage, car elle façonne notre manière de comprendre et d'interagir avec les lieux que nous visitons. Elle implique la connaissance de l'histoire, des normes, des valeurs et des réalités vécues d'une communauté, ainsi que la capacité à les respecter. Arriver avec une certaine compréhension du contexte est une forme fondamentale de respect. S'informer sur les coutumes, les dynamiques de pouvoir, l'histoire et le cadre social est un préalable essentiel. L'humilité culturelle, évoquée précédemment, nous invite à ne pas considérer les lieux comme de simples décors de notre récit personnel, mais comme des environnements vivants, complexes et dignes. Cela signifie résister à l'appropriation, remettre en question les stéréotypes et éviter les espaces où le tourisme cause du tort. Les opérateurs touristiques peuvent largement faciliter cela grâce à des fiches d'information et à une médiation adaptée.

Le voyageur doit également prendre en compte sa préparation émotionnelle. Le voyage révèle souvent des dynamiques internes telles que la solitude, l'anxiété, les biais et les attentes. Aller ailleurs ne garantit pas la transformation si nous ne sommes pas prêts à affronter l'inconfort. La meilleure préparation consiste à accepter d'être changé par ce que l'on rencontre. Cela implique d'être ouvert à l'émerveillement, à la confusion, à la joie et à la vulnérabilité.

La conscience numérique est un autre enjeu croissant. Le besoin de documenter, de publier et de partager est désormais profondément ancré dans l'expérience du voyage. Pourtant, cette pratique peut transformer le voyage en performance. Avant de partager, nous pouvons nous demander : est-ce pour créer du lien ou pour rechercher de la validation ? Est-ce que j'honore les lieux et les personnes, ou est-ce que je me centre d'une manière qui déforme la réalité ? Le récit éthique, notamment entre cultures, exige soin, consentement et contexte.

Le temps est aussi un facteur clé. Le rythme du voyage influence la profondeur de l'engagement. Un tourisme rapide et superficiel tend à reproduire des stéréotypes et des relations transactionnelles. Le voyage lent (rester plus longtemps dans moins d'endroits, créer des liens, s'accorder des temps de pause) favorise l'empathie et la compréhension. À l'heure où notre attention est fragmentée, le voyage offre une occasion rare de la rééduquer.

Enfin, le voyageur conscient adopte la réciprocité et la régénération. Le voyage ne doit pas seulement prendre, il doit aussi donner, et de manière à améliorer les lieux, les personnes et soi-même. Il ne s'agit pas de transformer chaque séjour en mission humanitaire, mais d'apporter une éthique de contribution : mentorat, partage responsable des ressources, échanges culturels respectueux, ou mise en pratique, au retour, des apprentissages réalisés. La réciprocité relie l'expérience à l'action.

En définitive, l'avenir du voyage dépend de voyageurs prêts à regarder autant à l'intérieur qu'à l'extérieur d'eux-mêmes. Ce chapitre ne propose pas de règles fixes, mais des repères. Voyager avec soin, c'est reconnaître notre humanité partagée et notre responsabilité commune envers le monde que nous héritons.

Voyager consciemment dans les années à venir, c'est comprendre que chaque voyage laisse une empreinte, intérieure et extérieure. La question n'est plus seulement : « Que vais-je retirer de ce lieu ? », mais aussi : « Que vais-je lui donner ? » Le voyage conscient privilégie la profondeur à l'accumulation, le dialogue à l'exposition, l'humilité à l'assomption. Lorsque nous avançons avec présence, nous passons de la consommation à la connexion, du témoin passif au gardien engagé. Ainsi, le voyage dépasse l'itinéraire pour devenir une pratique d'appartenance et de responsabilité.

Dans le prochain chapitre, nous nous tournerons vers l'industrie du voyage elle-même : les systèmes, les modèles et les valeurs qui doivent évoluer pour soutenir une approche plus éthique et régénératrice de la mobilité mondiale.

Considérations pour l'industrie du voyage

L'industrie du voyage est l'un des écosystèmes les plus dynamiques et les plus étendus au monde. Elle englobe l'aviation, l'hôtellerie, la technologie, l'assurance, la culture, le travail et les infrastructures, touchant presque tous les aspects de la société mondiale. Pourtant, malgré son ampleur, elle fait aujourd'hui face à une remise en question profonde. Le rebond post-pandémie, l'urgence climatique, la transformation numérique du tourisme et la demande croissante d'un engagement éthique ont créé un nouveau point de bascule.

Dans ce chapitre, nous examinons ce que signifie, pour l'industrie du voyage, évoluer vers un modèle plus régénératif, inclusif et résilient. Le modèle traditionnel du tourisme a été conçu pour l'échelle. Ses indicateurs de succès reposent principalement sur le volume : arrivées, réservations, nuitées. À mesure que ce modèle s'est développé, ses externalités se sont également accrues. Le surtourisme a mis sous pression les écosystèmes, déplacé des communautés et altéré le tissu culturel de nombreuses destinations. Les activités fortement émettrices de carbone continuent de contribuer de manière significative aux émissions mondiales. L'exploitation de la main-d'œuvre demeure un problème endémique dans de nombreuses économies dépendantes du tourisme. Si l'industrie veut prospérer à long terme, elle doit dépasser la logique de croissance à tout prix.

Cette transformation commence par une redéfinition de la valeur. Plutôt que de mesurer le succès uniquement à l'aune des performances économiques, les leaders visionnaires commencent à intégrer des indicateurs tels que le bien-être des communautés, la régénération environnementale et la préservation culturelle.

La théorie des parties prenantes offre un cadre pertinent pour accompagner ce changement. Elle affirme que les organisations ont des responsabilités non seulement envers leurs clients et actionnaires, mais aussi envers tous les groupes affectés par leurs décisions, notamment les employés, les communautés locales, les fournisseurs et l'environnement. Dans le contexte du voyage, cela implique de reconnaître les destinations, les écosystèmes et les gardiens culturels comme des acteurs centraux, et non périphériques. Ce cadre permet de clarifier ce qu'un modèle de tourisme régénératif doit valoriser et à qui il doit servir.

THÉORIE DES PARTIES PRENANTES

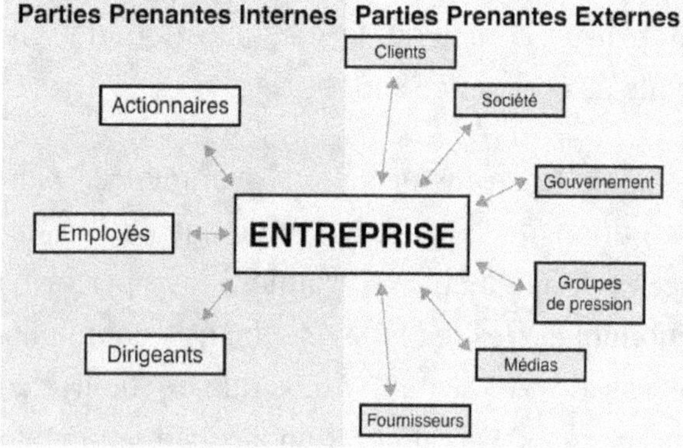

Concrètement, adopter une approche fondée sur les parties prenantes signifie prendre des décisions qui soutiennent l'ensemble des acteurs concernés, et pas seulement la rentabilité. Les compagnies aériennes explorant des carburants alternatifs et l'optimisation des itinéraires. Les hôtels investissant dans l'efficacité énergétique et les chaînes d'approvisionnement locales. Les tour-opérateurs collaborant avec des communautés autochtones pour proposer des expériences culturelles immersives et respectueuses. Autant de pas vers un avenir plus responsable.

La durabilité, bien que largement invoquée, doit devenir plus qu'un simple argument marketing. Elle doit être traduite en pratiques concrètes à travers des normes mesurables, des rapports transparents et un engagement authentique. Cela implique de s'éloigner du greenwashing pour adopter des cadres rigoureux tels que la certification B Corp, les programmes de neutralité carbone et l'intégration des Objectifs de développement durable (ODD). Les voyageurs sont de plus en plus avertis ; ils perçoivent lorsque les valeurs sont affichées sans être réellement incarnées.

Un autre enjeu majeur est l'inclusivité. Historiquement, une grande partie de l'industrie du voyage s'est adressée à un public restreint : aisé, occidental, valide, et majoritairement blanc. Réinventer le voyage, c'est créer de l'espace pour des voix plus diverses, en tant que consommateurs, narrateurs, créateurs et décideurs. Cela signifie concevoir des expériences accessibles à tous, valoriser les cultures sous-représentées dans les campagnes marketing, et soutenir les entreprises dirigées par des femmes, des entrepreneurs autochtones et des communautés historiquement marginalisées. Le voyage doit refléter la diversité du monde qu'il traverse.

La technologie joue également un rôle complexe dans l'avenir du secteur. Si les plateformes numériques ont accru l'accès et la personnalisation, elles ont aussi concentré le pouvoir entre les mains de quelques intermédiaires. Les algorithmes de réservation, les systèmes d'avis et la surveillance numérique influencent les comportements et la visibilité des destinations de manière souvent opaque et biaisée. Une utilisation éthique des technologies doit privilégier la transparence, l'autonomie des utilisateurs et une représentation équitable. Des innovations telles que la traduction par IA, les outils de prévisualisation virtuelle ou les plateformes de réservation régénératives sont prometteuses, à condition d'être conçues autour de valeurs humaines.

Au-delà des systèmes et des structures, l'industrie doit également investir dans l'intelligence émotionnelle et la formation aux états d'esprit de ses équipes. De l'accueil en première ligne à la direction générale, l'empathie, la culture interculturelle et la résilience sont désormais des compétences essentielles. L'élément humain du voyage ne peut être remplacé par l'automatisation. Les expériences sont façonnées autant par les relations humaines que par la logistique. Les programmes de formation favorisant la prise de perspective, la sensibilité culturelle et la régulation émotionnelle ne sont plus optionnels ; ils sont fondamentaux.

Enfin, le secteur doit se préparer à la volatilité. Les perturbations climatiques, l'instabilité politique et les crises sanitaires mondiales ne sont pas des anomalies temporaires, mais font partie de la nouvelle normalité. Cela exige des systèmes de voyage agiles, décentralisés et capables de s'adapter sans s'effondrer. Les modèles de tourisme décentralisés, fondés sur des entreprises locales et communautaires, peuvent offrir un modèle de résilience. Les principes régénératifs, qui vont au-delà de la durabilité pour réparer activement les systèmes dont dépend le voyage, constituent également une voie d'avenir.

L'avenir du tourisme ne sera pas façonné par une seule innovation ou une seule politique, mais par un changement d'éthique. Une éthique qui privilégie le sens plutôt que le volume, la dignité plutôt que le divertissement, et la régénération plutôt que l'extraction. L'industrie dispose des outils, des talents et de l'influence nécessaires pour devenir un moteur de transformation mondiale. Reste à savoir si elle en aura la volonté.

Dans le prochain chapitre, nous explorerons l'évolution du rôle du voyage au sein des organisations. Que signifie, pour les professionnels et les entreprises, penser globalement, se déplacer intentionnellement, et intégrer le voyage dans les stratégies de leadership, d'apprentissage et de culture ?

Le leadership dans le secteur du voyage sera de plus en plus jugé à l'aune de l'impact qu'il laisse derrière lui. La croissance pour elle-même perd de sa pertinence ; ce qui compte, c'est de savoir si un lieu est soutenu plutôt qu'épuisé, et si les voyageurs reviennent avec un sentiment de connexion renforcé plutôt qu'un sentiment de déconnexion. Ce changement est motivé par les limites environnementales, la lassitude des communautés face au tourisme nocif, et le désir croissant des voyageurs de privilégier le sens à la consommation.

Dans ce contexte, le soin devient l'indicateur le plus clair d'un bon leadership. La plus grande opportunité de l'industrie n'est pas de mettre en scène l'évasion, mais de cultiver la compréhension : concevoir des voyages qui régénèrent les écosystèmes, honorent les identités locales et rappellent à chacun sa place dans un monde vivant. Les entreprises du voyage deviendront non seulement des facilitatrices de mouvement, mais aussi des gardiennes du sens, des ponts culturels et des protectrices des territoires.

Considérations pour les explorateurs d'entreprise

Le voyage n'est pas seulement un acte personnel ou récréatif ; il est de plus en plus au cœur du fonctionnement, de la collaboration et du développement des organisations. Du travail à distance aux équipes interculturelles, en passant par le développement du leadership international et l'expansion des marchés, la vie professionnelle traverse désormais les frontières avec une fluidité sans précédent.

Dans ce chapitre, nous examinons l'évolution du rôle du voyage dans la vie professionnelle et dans la stratégie organisationnelle, et la manière dont les entreprises peuvent aborder la mobilité comme un levier d'apprentissage, d'adaptabilité et de compétence globale.

La pandémie de COVID-19 a accéléré une tendance déjà en cours : la dissociation du travail et du lieu. Aujourd'hui, les équipes distribuées, la collaboration virtuelle et le travail asynchrone sont devenus courants. Pourtant, paradoxalement, cette décentralisation a rendu les moments de connexion physique (séminaires, conférences, visites de sites, immersions culturelles) plus précieux que jamais.

Le voyage n'est plus seulement une fonction logistique du monde des affaires. Il est devenu un espace de collaboration, de créativité et d'intelligence culturelle. Pour les voyageurs d'entreprise, ces professionnels qui se déplacent pour rencontrer des clients, construire des relations, résoudre des problèmes ou soutenir des équipes, ce changement ouvre de nouvelles possibilités. Le voyage d'affaires, lorsqu'il est abordé avec curiosité et conscience, peut devenir un puissant levier de développement des mentalités. Il favorise l'empathie, le changement de perspective et l'apprentissage expérientiel. Mais pour exploiter pleinement ce potentiel, les organisations doivent repenser à la fois le « pourquoi » et le « comment » de la mobilité professionnelle.

Il faut d'abord reconnaître les bénéfices cognitifs des environnements diversifiés. Les recherches en psychologie organisationnelle et en neurosciences montrent que l'exposition à des contextes inconnus stimule la créativité, la résolution de problèmes et la flexibilité cognitive. Les équipes engagées dans des échanges interculturels abordent généralement les défis avec plus de nuance et de résilience.

Le voyage introduit une « friction productive », celle qui fait émerger les hypothèses implicites, suscite de nouvelles questions et favorise l'innovation. Mais ces bénéfices ne sont pas automatiques. Ils nécessitent une conception intentionnelle. Le voyage professionnel ne doit pas être une réflexion secondaire ni un simple avantage. Il doit être intégré aux stratégies de développement du leadership, d'intégration des nouveaux collaborateurs et de cohésion d'équipe. Cela peut passer par des programmes d'échange culturel structurés, des expériences immersives sur les marchés internationaux ou des débriefings réflexifs après les déplacements. Sans intégration, le voyage d'affaires reste superficiel et transactionnel.

L'éthique et la durabilité doivent également être prises en compte. La responsabilité des entreprises dépasse désormais la seule performance financière pour inclure la protection de l'environnement et l'impact social. Cela implique d'évaluer l'empreinte carbone des déplacements, de privilégier des missions plus longues et plus significatives plutôt que des voyages courts et fréquents, et de soutenir des prestataires durables. Cela signifie aussi préparer les collaborateurs à évoluer dans des contextes mondiaux avec humilité, respect et conscience de l'empreinte de leur organisation.

La mobilité professionnelle est également liée aux questions d'équité et d'accès. Qui a accès aux voyages d'affaires ? Qui bénéficie de l'exposition internationale ? Trop souvent, ces opportunités sont concentrées entre les mains de la direction ou de certains services. Des stratégies de mobilité inclusives peuvent démocratiser le voyage professionnel grâce à des programmes de rotation, des échanges de mentorat et des plateformes d'apprentissage global accessibles à un plus grand nombre d'employés.

Dans une économie post-géographique, la maîtrise interculturelle devient une compétence clé du leadership. Savoir lire une situation, naviguer dans la différence et adapter sa communication au-delà des frontières n'est plus facultatif : c'est essentiel à la pertinence mondiale. Les organisations qui investissent dans le développement de cette compétence par des voyages significatifs et des échanges transfrontaliers seront mieux armées pour prospérer dans la complexité.

La technologie joue un rôle complémentaire. Si elle ne peut remplacer la connexion en présentiel, elle peut enrichir l'expérience du voyage. Réalité augmentée, traduction assistée par IA, conciergerie numérique, environnements virtuels immersifs : autant d'outils qui peuvent préparer les équipes avant leur départ et les accompagner après leur retour. Les approches hybrides, combinant déplacements physiques et connexion numérique continue, façonnent l'avenir de l'exploration professionnelle.

Les explorateurs d'entreprise gagnent à prendre le temps de réfléchir. De la même manière que les individus réfléchissent à leurs voyages personnels, les professionnels devraient analyser ce qu'ils apprennent de leurs expériences à l'étranger. Qu'ont-ils observé des styles de communication ? Quelles leçons ont émergé des différences culturelles ? Quels biais ou présupposés ont été remis en question ? Une réflexion structurée renforce l'apprentissage et transforme les expériences internationales en connaissances exploitables.

En résumé, les organisations qui réussiront demain sont celles qui considèrent le voyage non comme une dépense à maîtriser, mais comme un capital à cultiver. La mobilité ne concerne pas seulement le déplacement ; elle concerne l'alignement entre l'état d'esprit et la mission. Dans notre dernier chapitre, nous adopterons une perspective de long terme fondée sur la prospective stratégique. Comment anticiper l'avenir du voyage ? Quelles tendances émergent ? Et quel état d'esprit faudra-t-il pour naviguer dans ce qui vient ?

Ici, la mobilité devient une forme d'apprentissage. L'organisation tournée vers l'avenir considère le voyage comme un espace de développement : une occasion de briser les silos et les dynamiques de pouvoir, tout en renforçant l'empathie, l'intelligence culturelle et la capacité de perspective. Lorsqu'il est conçu avec intention, le mouvement global forme des leaders capables d'écouter profondément, de s'adapter avec humilité, de tirer de la sagesse de la différence et de maîtriser l'art du récit à impact.

Le retour sur investissement du voyage d'entreprise ne se mesure pas en kilomètres parcourus, mais en esprits élargis et en équipes transformées, capables de façonner l'avenir mondial avec sensibilité et vision.

Voyager en temps de crise

Il existe, dans l'histoire, des moments où le simple fait de se déplacer devient chargé de sens, politiquement, moralement et émotionnellement. Pandémies, catastrophes naturelles, conflits, instabilité économique, bouleversements sociaux : les crises transforment non seulement les lieux où nous pouvons aller, mais aussi la manière dont nous voyageons et les raisons pour lesquelles nous le faisons.

Dans ces périodes, le voyage se transforme. Il devient moins une échappatoire qu'un acte de responsabilité. Moins un loisir qu'un exercice de conscience. Il nous confronte à une vérité essentielle : se déplacer dans le monde n'est jamais dissocié de l'état du monde lui-même.

Voyager en temps de crise révèle la dualité de la mobilité. Elle est une liberté pour certains, une impossibilité pour d'autres. Elle met en lumière les privilèges de ceux qui peuvent partir et la contrainte de ceux qui doivent rester. Elle rappelle que la mobilité n'est pas universelle ; elle est façonnée par le pouvoir, la politique et les circonstances. De nombreux voyageurs décrivent une transformation profonde après avoir traversé une crise ou voyagé en période d'incertitude. L'esprit s'oriente alors moins vers l'accomplissement personnel que vers l'interdépendance. La fragilité du monde devient visible. L'empathie s'élargit. Nous comprenons que le voyage n'est pas seulement personnel : il fait partie d'un écosystème partagé de risques et de résilience.

Les neurosciences montrent que l'incertitude et la perturbation activent des circuits neuronaux liés à l'apprentissage et à l'adaptation. La crise intensifie la vigilance et, lorsqu'elle s'accompagne de réflexion, elle peut approfondir la maturité. Voyager en période d'instabilité exige régulation émotionnelle, humilité et présence éthique. Cela nous apprend à lire les contextes avec sensibilité, à honorer les deuils collectifs, à alléger notre empreinte, à agir non seulement avec curiosité, mais avec soin.

Le voyage en temps de crise change aussi de rythme. Il devient plus lent, plus intentionnel, ancré dans la gratitude plutôt que dans le sentiment d'acquis. Le voyageur apprend que la mobilité n'est pas garantie : elle est prêtée. Se pose également la question du sens. En période de crise, le voyage devient plus explicitement relationnel : soutenir, retrouver des proches, renouer avec une communauté ou une terre. Pour certains, il devient pèlerinage ; pour d'autres, retour. Le mouvement se fait autant intérieur qu'extérieur. Certains déplacements ne peuvent être reportés : ceux qui visent à prendre soin, à témoigner, à servir, à guérir. Dans ces moments, voyager devient un acte d'engagement, non de consommation. Une affirmation que le lien demeure essentiel, même lorsque le monde se resserre. Le voyageur conscient doit alors tenir cette tension :

- Reconnaître son privilège sans se paralyser.

- Se déplacer quand c'est nécessaire, rester quand c'est responsable, et savoir faire la différence.

- Comprendre que chaque empreinte en temps de crise a du poids, et que chaque présence a des conséquences.

En période de crise, le voyage enseigne la résilience, mais aussi la retenue. Il nous invite à ne pas seulement demander : « Puis-je partir ? », mais aussi : « Devrais-je partir ? », « Pourquoi ? » et « Comment vais-je me présenter en arrivant ? ». Il nous rappelle que le mouvement fait partie du tissu social, et que dans les périodes fragiles, ce tissu doit être manipulé avec délicatesse. Au final, voyager pendant une crise ne se définit pas par le déplacement, mais par le sens. Cela nous appelle à devenir des ambassadeurs de stabilité, d'empathie et de contribution. Cela nous invite à traverser l'incertitude non comme des spectateurs des événements mondiaux, mais comme des participants à une humanité partagée.

La crise ne ferme pas la possibilité du voyage. Elle en approfondit la raison d'être. Et ce faisant, elle transforme le voyageur.

Où va le voyage désormais ?

À mesure que nous approchons de la fin de ce parcours, une question essentielle demeure : où va le voyage désormais ? Si les chapitres précédents ont exploré l'évolution du pourquoi, du comment et du qui du voyage, ce dernier chapitre se tourne vers l'horizon.

Dans un monde façonné par l'instabilité climatique, l'accélération technologique, les mutations culturelles et l'évolution des valeurs, l'avenir du voyage est en train d'être imaginé, anticipé et construit. C'est le rôle de la prospective stratégique : explorer les signaux émergents du changement, envisager des futurs plausibles et développer l'état d'esprit nécessaire pour naviguer dans ce qui vient.

La prospective stratégique sur l'avenir du voyage n'est pas une prédiction. C'est une discipline fondée sur la pensée systémique, la planification par scénarios et la vision à long terme. Elle aide les organisations, les communautés et les individus à se préparer à l'incertitude non pas en cherchant à prévoir précisément les résultats, mais en cartographiant les possibles. Dans le contexte du voyage, elle pose des questions essentielles : quels nouveaux modes de déplacement émergent ? Quels bouleversements mondiaux influencent la manière dont nous voyageons, où nous allons et pourquoi ? Et comment concevoir des systèmes à la fois adaptables et guidés par des principes éthiques ?

Le changement climatique demeure la force la plus urgente qui redessine le paysage du voyage. L'augmentation des températures, les événements météorologiques extrêmes et la montée du niveau des mers modifieront la viabilité physique de certaines destinations et l'éthique de l'accès aux environnements fragiles. Les infrastructures touristiques devront devenir plus résilientes et réactives. Les destinations devront gérer un tourisme régulé, la régénération écologique et la protection des communautés.

L'avenir du voyage exigera une responsabilité accrue de la part de tous les acteurs : voyageurs individuels et collectifs, dirigeants de l'industrie, gouvernements et technologies qui façonnent la mobilité.

La transformation technologique continuera également de redéfinir les expériences de voyage. L'intelligence artificielle personnalisera la planification avec une sophistication croissante. La blockchain pourrait permettre une vérification d'identité sécurisée et décentralisée. La réalité augmentée et virtuelle offrira des aperçus immersifs, voire des alternatives complètes à la présence physique. Mais ces avancées soulèvent des questions éthiques sur les données, l'équité et l'authenticité. Le rôle de la technologie dans le voyage doit être guidé par des valeurs, et non par la seule commodité.

Les dynamiques culturelles évoluent elles aussi. À mesure que le nationalisme et le transnationalisme façonnent le paysage géopolitique, l'accès au voyage pourrait devenir plus inégal. Le concept de citoyenneté mondiale, fondé sur la responsabilité partagée et l'empathie, sera mis à l'épreuve. Parallèlement, on pourrait assister à un renouveau des formes d'exploration enracinées et locales : voyage lent, pèlerinages, voyages ancestraux, échanges réciproques privilégiant la profondeur à la nouveauté.

Nous devons également nous préparer à des transformations comportementales et psychologiques. Les futurs voyageurs pourraient privilégier la santé mentale, la solitude ou la déconnexion numérique plutôt que le divertissement et le spectaculaire. Le voyage sera de plus en plus perçu comme un outil thérapeutique, un espace de guérison, de réflexion et de reconnexion à soi et à la nature.

Les neurosciences, la psychologie et les sciences du bien-être joueront un rôle croissant dans ce que nous rechercherons à travers le mouvement. L'industrie du voyage s'adaptera en conséquence. Les leaders devront anticiper des valeurs comme la régénération, l'équité et la durabilité émotionnelle comme piliers centraux de leurs offres. Les nouvelles générations exigeront transparence, impact social et personnalisation profonde. Les entreprises qui intégreront la prospective dans leur stratégie seront mieux préparées à diriger.

Les institutions éducatives et culturelles auront également un rôle crucial à jouer. À mesure que le voyage se complexifie, il deviendra essentiel de former les individus à naviguer dans la différence, l'ambiguïté et la disruption. La compétence interculturelle, l'éthique et l'esprit critique devront accompagner la préparation traditionnelle au voyage. L'état d'esprit du futur équilibre curiosité et discernement, ambition et responsabilité, expérience individuelle et citoyenneté mondiale.

En définitive, l'avenir du voyage n'est pas figé. C'est un paysage de choix : technologiques, écologiques, psychologiques et relationnels. La prospective stratégique nous donne les outils pour choisir avec sagesse. Elle nous rappelle que si nous ne pouvons pas contrôler l'avenir, nous pouvons le façonner par les questions que nous posons, les systèmes que nous concevons et les valeurs que nous défendons.

Ce livre a commencé par une idée simple : le voyage change, et il peut nous transformer si nous le permettons. Il se termine par une invitation. Où que vous alliez, à travers les frontières ou dans votre propre quartier, voyagez avec intention et humilité. Gardez l'esprit en mouvement. Voyagez avec un état d'esprit prêt à contribuer à l'avenir.

L'horizon du voyage ne sera pas défini par la distance, mais par la profondeur : par la manière dont nous nous déplaçons, ce que nous remarquons et ce que nous devenons en chemin. Le futur du voyage ne sera peut-être pas plus rapide, moins cher ou plus automatisé, mais plus humain. Choisir un rythme qui permet de comprendre où nous sommes, prendre les risques nécessaires pour créer de vraies connexions, et prendre des décisions qui respectent à la fois les lieux et les personnes. Dans ce futur, le voyage n'est pas seulement une façon de voir le monde, mais une manière d'apprendre à y appartenir.

Considérations pour un voyage tourné vers l'avenir

Pour intégrer les idées de la Partie 5, considérez :

- Voyager avec conscience environnementale. Avant de réserver, demandez-vous : cette distance vaut-elle son empreinte carbone ? Privilégiez les itinéraires lents, les séjours plus longs dans moins de destinations, et intégrez la compensation dès la planification.

- Investir dans une circulation porteuse de sens. Choisissez des entreprises locales, transparentes et régénératives. Laissez votre argent voter pour le monde dans lequel vous souhaitez évoluer.

- Pratiquer l'accord culturel. Apprenez cinq expressions locales, comprenez une coutume et posez une question sur l'histoire avant d'arriver. Que l'humilité soit votre premier passeport.

- Choisir la profondeur plutôt que la densité. Planifiez moins d'étapes et plus d'immersion. Restez assez longtemps pour devenir un visage familier, pas un consommateur de passage.

- Voir le voyage comme un échange, non comme une extraction. Avant de participer, demandez-vous : est-ce que je prends une histoire ou est-ce que je la mérite ? Privilégiez les relations aux transactions et la contribution à la consommation.

- Donner l'exemple d'une mobilité éthique au travail. Encouragez des déplacements professionnels moins fréquents mais plus impactant, des journées d'immersion culturelle et des temps de partage après les voyages.

- Analyser chaque voyage avec une vision prospective. Après chaque déplacement, notez une tendance émergente observée (environnementale, culturelle ou technologique) et réfléchissez à ce qu'elle signifie pour l'avenir du voyage et pour votre propre rôle.

Conclusion

Le voyage a toujours été bien plus qu'un simple déplacement. Il est le reflet de ce que nous sommes, de notre manière de penser et de ce que nous valorisons. À mesure que le monde s'accélère, technologiquement, environnementalement et socialement, le besoin de faire une pause, de réfléchir et de réinventer le sens du voyage n'a jamais été aussi urgent.

Ce livre a exploré cette signification sous de multiples angles : les racines psychologiques du désir d'ailleurs, les neurosciences de l'expérience, l'évolution de l'identité du voyageur, ainsi que le rôle de l'émerveillement, de l'inconfort et de l'attention dans la construction de l'esprit. Nous avons examiné la transformation du voyage à travers la numérisation, la mondialisation et l'évolution des normes culturelles, ainsi que les moyens de rester ancré tout en étant en mouvement.

Tout au long de ces pages, un thème est apparu de manière constante : le voyage n'est pas simplement une succession de destinations, mais un état d'esprit.

L'avenir du voyage ne sera pas défini uniquement par les lieux que nous visitons, mais par la présence que nous y apportons. Par notre capacité à écouter, à réfléchir, à nous adapter et à grandir. Les chapitres consacrés aux voyageurs, à l'industrie du tourisme et aux explorateurs d'entreprise ont mis en lumière les transformations systémiques nécessaires pour rendre le voyage durable, inclusif et porteur de sens. Mais ces changements commencent toujours par les individus. Par les choix faits avant le départ, pendant le trajet, et surtout au retour. Par les questions que nous nous posons, les relations que nous tissons et les histoires que nous choisissons de raconter.

L'état d'esprit du futur n'est pas une doctrine figée. C'est une posture : curieuse, flexible, consciente du monde et ancrée dans l'éthique. Il s'agit de passer de la performance et de la consommation à la présence et à la contribution. De rechercher une compréhension authentique plutôt que d'accumuler des expériences, et de veiller à ce que notre passage dans un lieu ait un véritable sens. Cela exige aussi du courage : la volonté d'affronter l'incertitude, de remettre en question nos présupposés, de construire des relations fondées sur le respect mutuel et d'assumer la responsabilité de notre manière d'être au monde. Le voyageur de demain sera défini moins par la distance parcourue que par la qualité de son engagement envers les lieux, les personnes et lui-même.

En refermant ce livre, le voyage ne s'arrête pas. Que vous prépariez un départ, que vous réfléchissiez à vos expériences passées, que vous conceviez des programmes pour d'autres ou que vous dirigiez des organisations dans un monde interconnecté, nous vous invitons à avancer avec intention. Emportez avec vous les idées, les pratiques et les questions proposées ici. Laissez-les guider votre manière d'être, car le voyage est à la fois un miroir et une boussole. Il nous montre qui nous sommes et nous aide à découvrir qui nous devenons.

Et si le voyage nous enseigne une chose essentielle, c'est que l'appartenance ne naît pas de l'arrivée, mais de l'attention. Que le sens ne se crée pas en traversant les lieux, mais en laissant les lieux nous traverser. Que nous ne sommes pas façonnés par le nombre de frontières franchies, mais par le nombre de frontières, intérieures comme extérieures, que nous acceptons d'assouplir.

Dans un monde qui change rapidement, la priorité n'est pas la vitesse, mais la profondeur. Nous avons besoin d'un mouvement réfléchi, responsable et tourné vers l'avenir.

La boîte à outils du voyageur - Guide pratique d'intégration

Le savoir n'a de valeur que s'il est mis en pratique. Les expériences s'estompent rapidement sans un suivi intentionnel, et la croissance exige répétition et structure.

Cette boîte à outils n'est pas conçue comme une liste à cocher, mais comme un ensemble d'habitudes que vous pouvez adopter pour rendre vos voyages plus significatifs et plus responsables, tant sur le plan personnel que professionnel. Un voyage porteur de sens se déploie en trois étapes : la préparation, la présence et l'intégration. Chacune requiert trois qualités : curiosité, humilité et discipline. Les outils suivants sont conçus pour vous aider à développer ces capacités de manière claire et concrète.

Avant de partir : préparer l'état d'esprit

Le voyage commence par des questions, pas par la logistique. Pourquoi est-ce que je pars ? Qui ce voyage pourrait-il m'aider à devenir ? Quelles valeurs guideront ma manière d'être présent ?

Faites une pause avant de planifier. Fixez une intention d'apprentissage. Choisissez un thème pour ancrer votre voyage : attention, écoute, humilité, créativité, repos, connexion.

Renseignez-vous non seulement sur ce qu'il faut faire, mais aussi sur la manière d'être. Apprenez les salutations, les gestes, les règles de savoir-vivre. Comprenez l'histoire derrière les paysages. Identifiez les voix et les créateurs locaux. Bien se préparer ne consiste pas à tout contrôler, mais à se rendre disponible au changement.

Préparez votre boîte à outils mentale :

- Un engagement à observer avant d'interpréter.

- Une volonté d'accepter l'inconfort.

- Le courage de demander : « Qu'est-ce que je ne comprends pas encore ? »

Indication neuroscientifique :
L'émerveillement et l'anticipation activent le système dopaminergique de récompense, préparant la plasticité du cortex préfrontal. La préparation constitue une disposition neurochimique à la transformation.

Sur place : pratiquer la présence

Être présent est une compétence, et le voyage est l'un des meilleurs moyens de l'exercer. Utilisez chaque journée pour ralentir, observer et rencontrer votre environnement avec intention.

Avancez plus lentement que vous ne le pensez nécessaire. Asseyez-vous plus longtemps que ce qui est confortable. Laissez le silence vous enseigner quelque chose.

Faites de la curiosité votre boussole. Posez des questions ouvertes. Observez les dynamiques de pouvoir. Recherchez les rythmes locaux plutôt que les mises en scène touristiques. Participez, ne vous contentez pas d'observer. Contribuez, ne consommez pas seulement.

Créez des rituels pour ancrer votre attention :

- Une réflexion matinale avant de sortir.

- Une note chaque soir sur ce qui vous a défié et surpris.

- Une pause avant de prendre une photo : «
  Suis-je en train de voir, ou de collectionner ? »

Indication neuroscientifique :
Les environnements nouveaux stimulent
l'hippocampe et le réseau du mode par défaut.
Associés à une présence consciente, ils favorisent la
neuroplasticité et la régulation émotionnelle,
transformant les moments en sens.

Le retour : intégrer l'expérience

La partie la plus importante du voyage commence souvent après le retour. Tous les voyages ne nous transforment pas, et ce n'est pas un problème. Ce qui compte, c'est de remarquer ce que chaque expérience nous apporte et de choisir ce que nous souhaitons conserver.

L'intégration demande de ralentir la réentrée. Protégez du temps pour réfléchir avant que la routine ne reprenne. Écrivez, enregistrez un message vocal, ou racontez votre expérience à voix haute. Notez les questions qui émergent.

Demandez-vous :

• Quelle nouvelle perspective ai-je acquise ?
• Quelle croyance ai-je laissée derrière moi ?
• Que m'a appris ce lieu sur l'appartenance et moi-même ?

Choisissez un élément à faire vivre dans votre quotidien : une habitude, un changement de regard, une nouvelle façon de vous relier aux autres.

L'important est qu'il soit réaliste et durable. Le but n'est pas d'avoir une version « voyage » et une version « maison » de vous-même, mais de les faire converger.

Indication neuroscientifique :
 L'intégration consolide la mémoire via l'hippocampe et le cortex préfrontal médian. La réflexion stabilise littéralement la croissance au niveau neuronal.

Une philosophie du voyage au quotidien

La dernière pratique consiste à faire entrer l'état d'esprit du voyageur dans la vie quotidienne. Cela signifie porter une attention nouvelle aux espaces familiers, remarquer ce que vous ignorez habituellement, et aborder les interactions ordinaires avec curiosité.

Considérez votre quartier comme un territoire encore à explorer. Laissez les moments ordinaires susciter questions, réflexion et connexion. Cette approche renforce la conscience, l'adaptabilité et l'ouverture culturelle, des compétences aussi essentielles chez soi qu'à l'étranger. Nous espérons que cette boîte à outils vous aidera à développer ces habitudes de manière régulière et ancrée.

Elle vous invite à :

- Aborder les expériences avec curiosité plutôt qu'avec performance.

- Ramener chez vous des enseignements qui influencent vos actions, pas seulement des souvenirs.

- Appliquer vos apprentissages pour améliorer votre présence dans vos relations et votre quotidien.

Le voyage peut initier le changement, mais la croissance durable dépend des choix que vous faites ensuite. L'intégration est le véritable travail, et elle se poursuit longtemps après que la valise soit rangée.

Références

- Adams, W. M. (2006). "The future of sustainability: Re-thinking environment and development." IUCN Report.

- Ahuvia, A. C. (2005). "Beyond the extended self: Loved objects and consumers' identity narratives." Journal of Consumer Research, 32(1), 171–184.

- Amichai-Hamburger, Y., & Hayat, Z. (2011). "The impact of the Internet on the social lives of users: A representative sample from 13 countries." Computers in Human Behavior, 27(1), 585–589.

- Argyris, C. (1991). "Teaching smart people how to learn." Harvard Business Review, 69(3), 99–109.

- Arnsten, A. F. (2009). "Stress signalling pathways that impair prefrontal cortex structure and function." Nature Reviews Neuroscience, 10(6), 410–422.

- Aronson, E. (2008). The Social Animal. Worth Publishers.

- Baker, S. C., & Kim, H. Y. (2020). "The psychology of re-entry: Emotional and cognitive adaptation after travel." Journal of Cross-Cultural Psychology, 51(4), 256–274.

RÉFÉRENCES

- Bandura, A. (1977). Social Learning Theory. Prentice-Hall.

- Bartlett, F. C. (1932). Remembering: A Study in Experimental and Social Psychology. Cambridge University Press.

- Bateson, G. (1972). Steps to an Ecology of Mind. University of Chicago Press.

- Baum, T., & Hai, N. T. (2020). "Hospitality, tourism, human rights and the impact of COVID-19." International Journal of Contemporary Hospitality Management, 32(7), 2397–2407.

- Baumeister, R. F. (1998). "The self." In D. T. Gilbert, S. T. Fiske, & G. Lindzey (Eds.), The Handbook of Social Psychology. McGraw-Hill.

- Baumeister, R. F., & Leary, M. R. (1995). "The need to belong: Desire for interpersonal attachments as a fundamental human motivation." Psychological Bulletin, 117(3), 497–529.

- Baumeister, R. F., & Vohs, K. D. (2007). "Self-regulation, ego depletion, and motivation." Social and Personality Psychology Compass, 1(1), 115–128.

- Benedek, M., & Kaernbach, C. (2011). "Physiological correlates and emotional specificity of human awe." Biological Psychology, 86(3), 337–345.

- Berger, P. L., & Luckmann, T. (1966). The Social Construction of Reality. Anchor Books.

- Berkes, F. (2009). "Evolution of co-management: Role of knowledge generation, bridging organizations and social learning." Journal of Environmental Management, 90(5), 1692–1702.

- Berry, J. W. (1997). "Immigration, acculturation, and adaptation." Applied Psychology, 46(1), 5–34.

- Bhaskar, R. (1998). The Possibility of Naturalism. Routledge.

- Bishop, S. R., et al. (2004). "Mindfulness: A proposed operational definition." Clinical Psychology: Science and Practice, 11(3), 230–241.

- Biss, R. K., & Hasher, L. (2011). "Delighted and distracted: Positive affect increases distractibility in older adults." Emotion, 11(4), 776–781.

- Bohm, D. (1996). On Dialogue. Routledge.

- Bosker, B. (2016). Future Presence: How Virtual Reality Is Changing Human Connection, Intimacy, and the Limits of Ordinary Life. Houghton Mifflin Harcourt.

- Bowlby, J. (1969). Attachment and Loss: Vol. 1. Attachment. Basic Books.

- Bramwell, B., & Lane, B. (2011). "Critical research on the governance of tourism and sustainability." Journal of Sustainable Tourism, 19(4–5), 411–421.

RÉFÉRENCES

- Bronfenbrenner, U. (1979). The Ecology of Human Development: Experiments by Nature and Design. Harvard University Press.

- Brown, L. (2009). "The transformative power of the international sojourn: An ethnographic study of the international student experience." Annals of Tourism Research, 36(3), 502–521.

- Buber, M. (1970). I and Thou. Charles Scribner's Sons.

- Butler, J. (2005). Giving an Account of Oneself. Fordham University Press.

- Cacioppo, J. T., & Patrick, W. (2008). Loneliness: Human Nature and the Need for Social Connection. W. W. Norton.

- Caligiuri, P., & Bonache, J. (2016). "Evolving and enduring challenges in global mobility." Journal of World Business, 51(1), 127–141.

- Carpenter, S. R., et al. (2009). "Resilience: Accounting for the noncomputable." Proceedings of the National Academy of Sciences, 106(36), 15160–15161.

- Carr, A. (2020). "Digital mobility and identity." Journal of Travel Research, 59(8), 1390–1401.

- Carr, A. (2020). "Digital nomads: Work, lifestyle, and the new mobility." Journal of Management & Organization, 26(2), 236–251.

- Carr, N. (2010). The Shallows: What the Internet Is Doing to Our Brains. W. W. Norton.

- Carrigan, M., & Attalla, A. (2001). "The myth of the ethical consumer." Journal of Consumer Marketing, 18(7), 560–578.

- Cassidy, J. (1999). "The nature of the child's ties." In Handbook of Attachment. Guilford Press.

- Cohen, E. (1972). "Toward a sociology of international tourism." Social Research, 39(1), 164–182.

- Cohen, E. (1979). "A phenomenology of tourist experiences." Sociology, 13(2), 179–201.

- Collings, D. G., et al. (2019). "Global mobility in a disruptive world." Journal of World Business, 54(4), 247–257.

- Cooper, A., & Johnson, R. (2019). "Regenerative tourism: A new paradigm for a rapidly changing world." Tourism Recreation Research, 44(3), 368–379.

- Creswell, J. W. (2013). Qualitative Inquiry and Research Design: Choosing Among Five Approaches. Sage Publications.

- Csikszentmihalyi, M. (1990). Flow: The Psychology of Optimal Experience. Harper & Row.

RÉFÉRENCES

- Damasio, A. (1999). The Feeling of What Happens: Body and Emotion in the Making of Consciousness. Harcourt.

- Darwall, S. (2006). The Second-Person Standpoint: Morality, Respect, and Accountability. Harvard University Press.

- Deci, E. L., & Ryan, R. M. (2000). "The 'what' and 'why' of goal pursuits: Human needs and self-determination." Psychological Inquiry, 11(4), 227–268.

- Dennett, D. (1991). Consciousness Explained. Little, Brown.

- Dervin, B. (1998). "Sense-making theory revisited." In International Communications Association Proceedings.

- Dewey, J. (1934). Art as Experience. Perigee Books.

- Digital Nomadism Research Group. (2021). "Global mobility, remote work, and the rise of nomadic labor." International Journal of Sociology and Social Policy, 41(9/10), 1175–1193.

- DuBois, D. (2017). "Tourism and inequality: Emerging issues and global challenges." Tourism Geographies, 19(4), 587–590.

- Dwivedi, Y., Johnson, S., & Fuchs, C. (2022). "Awe and well-being: The restorative effects of novelty." Emotion Review, 14(2), 128–141.

- Dwyer, L., & Thomas, F. (2023). "Regenerative tourism: Beyond sustainability." Journal of Sustainable Tourism, 31(2), 205–223.

- Edwards, A. (2010). Being an Expert Professional Practitioner. Springer.

- Ekman, P., & Friesen, W. V. (1975). Unmasking the Face. Prentice-Hall.

- Elkington, J. (1997). Cannibals with Forks: The Triple Bottom Line of 21st Century Business. Capstone.

- Ellsworth, P. C., & Scherer, K. R. (2003). "Appraisal processes in emotion." In Handbook of Affective Sciences, Oxford University Press.

- Epel, E. S., et al. (2013). "Awe and prosocial behavior." Journal of Personality and Social Psychology, 105(2), 225–238.

- Faulkner, B. (2001). "Towards a framework for tourism disaster management." Tourism Management, 22(2), 135–147.

- Ferrell, O. C., & Fraedrich, J. (2015). Business Ethics: Ethical Decision Making and Cases. Cengage Learning.

- Festinger, L. (1957). A Theory of Cognitive Dissonance. Stanford University Press.

- Florida, R. (2012). The Rise of the Creative Class, Revisited. Basic Books.

RÉFÉRENCES

- Frankl, V. E. (1959). Man's Search for Meaning. Beacon Press.

- Fredrickson, B. L. (2001). "The broaden-and-build theory of positive emotions." American Psychologist, 56(3), 218–226.

- Friedman, T. L. (2005). The World Is Flat. Farrar, Straus and Giroux.

- Fullagar, S., Wilson, E., & Markwell, K. (2012). Slow Tourism: Experiences and Mobilities. Channel View.

- Gable, S. L., & Haidt, J. (2005). "What (and why) is positive psychology?" Review of General Psychology, 9(2), 103–110.

- Gazzaley, A., & Rosen, L. (2016). The Distracted Mind: Ancient Brains in a High-Tech World. MIT Press.

- Giddens, A. (1991). Modernity and Self-Identity: Self and Society in the Late Modern Age. Stanford University Press.

- Gioda, N., & McAdams, D. P. (2020). "Narrative identity development across contexts." Personality and Social Psychology Review, 24(3), 201–223.

- Gioia, D. A., & Manz, C. C. (1985). "Linking cognition and behavior: A script processing interpretation of vicarious learning." Academy of Management Review, 10(3), 527–539.

- Giorgi, G. (2012). "Liminality and transformation: The psychology of threshold experiences." Journal of Humanistic Psychology, 52(4), 414–431.

- Gladwell, M. (2005). Blink: The Power of Thinking Without Thinking. Little, Brown.

- Goffman, E. (1959). The Presentation of Self in Everyday Life. Anchor Books.

- Goleman, D. (2006). Social Intelligence: The New Science of Human Relationships. Bantam.

- Gössling, S., & Higham, J. (2021). "The shift to low-carbon mobility." Journal of Sustainable Tourism, 29(2–3), 353–374.

- Gössling, S., Scott, D., & Hall, C. M. (2015). "Tourism and water." Tourism Management, 50, 1–15.

- Grant, A. (2013). Give and Take: A Revolutionary Approach to Success. Viking.

- Gratton, L., & Scott, A. (2016). The 100-Year Life: Living and Working in an Age of Longevity. Bloomsbury.

- Gretzel, U., Sigala, M., Xiang, Z., & Koo, C. (2015). "Smart tourism: Foundations and developments." Electronic Markets, 25(3), 179–188.

RÉFÉRENCES

- Grice, H. P. (1975). "Logic and conversation." In Syntax and Semantics, Vol. 3: Speech Acts. Academic Press.

- Haidt, J. (2000). "The positive moral emotion of elevation." Review of General Psychology, 4(3), 304–314.

- Haidt, J., & Keltner, D. (2004). "Appreciation of beauty and excellence." In Character Strengths and Virtues. Oxford University Press.

- Hall, C. M. (2011). "Policy learning and policy failure in sustainable tourism governance." Journal of Sustainable Tourism, 19(4–5), 649–671.

- Han, H., & Hyun, S. S. (2018). "Role of motivations for travel: Tourism experience and well-being." Journal of Travel Research, 57(5), 612–626.

- Hargie, O. (2011). Skilled Interpersonal Communication: Research, Theory and Practice. Routledge.

- Heath, C., & Heath, D. (2010). Switch: How to Change Things When Change Is Hard. Broadway Books.

- Heifetz, R., Grashow, A., & Linsky, M. (2009). The Practice of Adaptive Leadership. Harvard Business Press.

- Henderson, J. C. (2007). "Tourism crises: Causes, consequences and management." Butterworth-Heinemann.

- Hermans, H. J. (2001). "The dialogical self: Toward a theory of personal and cultural positioning." Culture & Psychology, 7(3), 243–281.

- Hobfoll, S. E. (1989). "Conservation of resources: A new attempt at conceptualizing stress." American Psychologist, 44(3), 513–524.

- Hofstede, G. (2001). Culture's Consequences: Comparing Values, Behaviors, Institutions and Organizations Across Nations. Sage Publications.

- Holbrook, M. B., & Hirschman, E. C. (1982). "The experiential aspects of consumption: Consumer fantasies, feelings, and fun." Journal of Consumer Research, 9(2), 132–140.

- Holling, C. S. (1973). "Resilience and stability of ecological systems." Annual Review of Ecology and Systematics, 4, 1–23.

- Immordino-Yang, M. H., & Damasio, A. (2007). "We feel, therefore we learn." Mind, Brain, and Education, 1(1), 3–10.

- Inkson, K., & Myers, B. A. (2003). "The psychological contract and global mobility." International Journal of Human Resource Management, 14(3), 517–533.

- IPCC. (2021). Climate Change 2021: The Physical Science Basis. Cambridge University Press.

- Jackendoff, R. (2007). Language, Consciousness, Culture. MIT Press.

- Jamal, T., & Camargo, B. A. (2014). "Sustainable tourism, justice and an ethic of care." Tourism Recreation Research, 39(1), 9–28.

- Jenkins, R. (2008). Social Identity. Routledge.

- Jopp, R., & Mair, J. (2012). "Crisis preparedness in the tourism industry." Journal of Travel & Tourism Marketing, 29(1), 1–15.

- Kabat-Zinn, J. (1994). Wherever You Go, There You Are. Hyperion.

- Kahneman, D. (2011). Thinking, Fast and Slow. Farrar, Straus and Giroux.

- Kaplan, S. (1995). "The restorative benefits of nature: Toward an integrative framework." Journal of Environmental Psychology, 15(3), 169–182.

- Kauffman, S. (1996). At Home in the Universe: The Search for the Laws of Self-Organization. Oxford University Press.

- Kelly, G. A. (1955). The Psychology of Personal Constructs. Routledge.

- Keltner, D., & Haidt, J. (2003). "Approaching awe, a moral, spiritual, and aesthetic emotion." Cognition and Emotion, 17(2), 297–314.

- Kennedy, E. B., & Dornan, M. (2020). "Climate change and tourism adaptation." Tourism Management, 81, 104162.

- Kiesa, A., & Narayan, J. (2016). "Global citizenship education: Renewal and resilience." International Journal of Development Education and Global Learning, 8(2), 87–100.

- Kohonen, I. (2005). "Developing global leaders through international assignments: An identity construction perspective." Personnel Review, 34(1), 22–36.

- Kounios, J., & Beeman, M. (2015). The Eureka Factor: Aha Moments, Creative Insight, and the Brain. Random House.

- Kraus, M., & Stephens, N. M. (2012). "A cultural psychology perspective on social class." Current Directions in Psychological Science, 21(6), 343–348.

- Kross, E., & Ayduk, Ö. (2011). "Self-distancing: Theory, research, and current directions." Social and Personality Psychology Compass, 5(8), 631–645.

- Landau, M. J., Greenberg, J., & Solomon, S. (2008). "A sign of the times: The psychology of cultural worldviews." Social and Personality Psychology Compass, 2(3), 1135–1152.

- Langer, E. J. (1989). Mindfulness. Addison-Wesley.

- Langer, E. J. (2009). Counterclockwise: Mindful Health and the Psychology of Possibility. Ballantine Books.

- LeDoux, J. (1996). The Emotional Brain: The Mysterious Underpinnings of Emotional Life. Simon & Schuster.

- Lee, J., & Kim, H. (2020). "Digital nomads, mobility, and the psychological effects of rootlessness." Journal of Travel Research, 59(8), 1402–1416.

- Lewin, K. (1951). Field Theory in Social Science. Harper & Row.

- Lidwell, W., Holden, K., & Butler, J. (2010). Universal Principles of Design. Rockport.

- Line, N., & Hanks, L. (2019). "Sustainable tourism strategies for the future." Journal of Hospitality Marketing & Management, 28(8), 1–19.

- Linguistic Relativity Hypothesis: Whorf, B. L. (1956). Language, Thought, and Reality: Selected Writings of Benjamin Lee Whorf. MIT Press.

- Lipman, G., & Vorster, S. (2018). "The dawn of regenerative tourism." EarthCheck Institute Report.

- Lisle, D. (2006). The Global Politics of Contemporary Travel Writing. Cambridge University Press.

- Lonergan, B. J. (1972). Method in Theology. Herder and Herder.

- Lupien, S. J., et al. (2009). "Effects of stress throughout the lifespan on the brain, behaviour, and cognition." Nature Reviews Neuroscience, 10(6), 434–445.

- MacCannell, D. (1976). The Tourist: A New Theory of the Leisure Class. University of California Press.

- Maguire, E. A., et al. (2000). "Navigation-related structural change in the hippocampi of taxi drivers." Proceedings of the National Academy of Sciences, 97(8), 4398–4403.

- Margolis, J. D., & Walsh, J. P. (2003). "Misery loves companies: Rethinking social initiatives by business." Administrative Science Quarterly, 48(2), 268–305.

- Markus, H., & Kitayama, S. (1991). "Culture and self: Implications for cognition, emotion, and motivation." Psychological Review, 98(2), 224–253.

- Markus, H., & Nurius, P. (1986). "Possible selves." American Psychologist, 41(9), 954–969.

- Maslow, A. H. (1943). "A theory of human motivation." Psychological Review, 50(4), 370–396.

- Maslow, A. H. (1962). Toward a Psychology of Being. Van Nostrand.

- McAdams, D. P. (2001). "The psychology of life stories." Review of General Psychology, 5(2), 100–122.

- McAdams, D. P., & McLean, K. C. (2013). "Narrative identity." Current Directions in Psychological Science, 22(3), 233–238.

- McEwen, B. S., & Wingfield, J. C. (2010). "What is stress? Integrating the concept of stress with physiology." Integrative and Comparative Biology, 50(3), 494–508.

- Meadows, D. H. (2008). Thinking in Systems: A Primer. Chelsea Green Publishing.

- Merrilees, B., Miller, D., & Herington, C. (2012). "Sustainability and stakeholder management in tourism." Tourism Management, 33(2), 307–316.

- Mesquita, B., & Leu, J. (2007). "The cultural psychology of emotion." In Handbook of Cultural Psychology.

- Mezirow, J. (1997). "Transformative learning: Theory to practice." New Directions for Adult and Continuing Education, 74, 5–12.

- Miller, D. (2010). Stuff. Polity Press.

- Mittelman, J. H. (2000). The Globalization Syndrome. Princeton University Press.

- Naidoo, P., & Sharpley, R. (2018). "Local perceptions of the impacts of tourism." Journal of Sustainable Tourism, 26(3), 316–332.

- Neal, J. D., & Gursoy, D. (2008). "A multifaceted analysis of tourism satisfaction." Tourism Management, 29(1), 84–95.

- Neff, K. (2011). Self-Compassion: The Proven Power of Being Kind to Yourself. HarperCollins.

- Nicolescu, B. (2002). Manifesto of Transdisciplinarity. SUNY Press.

- Niemeyer, R. A. (2000). "Meaning reconstruction in the wake of loss." Death Studies, 24(6), 541–558.

- Norman, D. (2013). The Design of Everyday Things. MIT Press.

- Noy, C. (2004). "This trip really changed me: Backpackers' narratives of self-change." Annals of Tourism Research, 31(1), 78–102.

- O'Reilly, K. (2006). International Migration and Social Theory. Palgrave.

- O'Toole, J., Galbraith, J., & Lawler, E. E. (2002). The New American Workplace. Palgrave.

- Pariser, E. (2011). The Filter Bubble: What the Internet Is Hiding from You. Penguin Press.

- Pearce, D. G., & Schott, C. (2005). "Tourism distribution channels: Practices and performance." International Journal of Tourism Research, 7(2), 95–111.

- Pearce, P. L., & Lee, U. (2005). "Developing the travel career approach to tourist motivation." Journal of Travel Research, 43(3), 226–237.

- Pennebaker, J. W. (1997). "Writing about emotional experiences as a therapeutic process." Psychological Science, 8(3), 162–166.

- Peters, A., McEwen, B. S., & Friston, K. (2017). "Uncertainty and stress: Why it causes disease and how it is mastered." Progress in Neurobiology, 156, 164–188.

- Pine, B. J., & Gilmore, J. H. (1999). The Experience Economy. Harvard Business School Press.

- Pinker, S. (1994). The Language Instinct. William Morrow.

- Place Attachment Theory: Scannell, L., & Gifford, R. (2010). "Defining place attachment: A tripartite organizing framework." Journal of Environmental Psychology, 30(1), 1–10.

- Porges, S. W. (2011). The Polyvagal Theory: Neurophysiological Foundations of Emotions, Attachment, Communication, and Self-Regulation. Norton.

- Porter, M. E., & Kramer, M. R. (2011). "Creating shared value." Harvard Business Review, 89(1–2), 62–77. • Prebensen, N. K., Chen, J. S., & Uysal, M. (Eds.). (2014). Creating Experience Value in Tourism. CABI.

- Posner, M. I., & Rothbart, M. K. (2007). Educating the Human Brain. APA.

- Prensky, M. (2010). "Digital wisdom: Hope to make us all wiser." Innovate: Journal of Online Education, 5(3).

- Ricoeur, P. (1984). Time and Narrative. University of Chicago Press.

- Ricœur, P. (1991). From Text to Action. Northwestern University Press.

- Ritchie, B. W. (2004). "Chaos, crises and disasters: A strategic approach to crisis management in the tourism industry." Tourism Management, 25(6), 669–683.

- Rogers, C. R. (1957). "The necessary and sufficient conditions of therapeutic personality change." Journal of Consulting Psychology, 21(2), 95–103.

- Rosenberg, M. B. (2003). Nonviolent Communication: A Language of Life. PuddleDancer Press.

RÉFÉRENCES

- Scannell, L., & Gifford, R. (2010). "Defining place attachment: A tripartite framework." Journal of Environmental Psychology, 30(1), 1–10.

- Scharmer, O. (2009). Theory U: Leading from the Future as It Emerges. Berrett-Koehler.

- Schwartz, B. (2004). The Paradox of Choice: Why More Is Less. HarperCollins.

- Seligman, M. E. P. (2011). Flourish: A Visionary New Understanding of Happiness and Well-Being. Free Press.

- Senge, P. M. (1990). The Fifth Discipline. Doubleday.

- Sharpley, R. (2009). Tourism Development and the Environment. Earthscan.

- Sheller, M., & Urry, J. (2006). "The new mobilities paradigm." Environment and Planning A, 38(2), 207–226.

- Siegal, D. J. (2012). The Developing Mind: How Relationships and the Brain Interact to Shape Who We Are. Guilford Press.

- Slaughter, R. (2004). Futures Beyond Dystopia. Routledge.

- Smallwood, J., & Schooler, J. W. (2015). "The science of mind wandering: Empirically navigating the stream of consciousness." Annual Review of Psychology, 66, 487–518.

- Smith, J. A., & Eatough, V. (2007). "Interpretative phenomenological analysis." In Qualitative Psychology. Sage Publications.

- Smith, L. T. (1999). Decolonizing Methodologies: Research and Indigenous Peoples. Zed Books.

- Smith, S. M., & Vela, E. (2001). "Environmental context-dependent memory: A review and meta-analysis." Psychonomic Bulletin & Review, 8(2), 203–220.

- Spitzberg, B. H., & Changnon, G. (2009). "Conceptualizing intercultural competence." In The SAGE Handbook of Intercultural Competence. Sage Publications.

- Squire, L. R. (1992). "Memory and the hippocampus." Psychological Review, 99(2), 195–231.

- Staw, B. M., Sandelands, L. E., & Dutton, J. E. (1981). "Threat rigidity effects in organizational behavior." Administrative Science Quarterly, 26(4), 501–524.

- Steffen, W., et al. (2015). "Planetary boundaries: Guiding human development on a changing planet." Science, 347(6223), 1259855.

- Steiner, C. J., & Reisinger, Y. (2006). "Understanding existential authenticity." Annals of Tourism Research, 33(2), 299–318.

RÉFÉRENCES

- Stets, J. E., & Burke, P. J. (2000). "Identity theory and social identity theory." Social Psychology Quarterly, 63(3), 224–237.

- Stewart, E. J., & Mallon, K. (2020). "Tourism, mindfulness, and well-being." Annals of Tourism Research, 83, 102934.

- Stiglitz, J. E. (2002). Globalization and Its Discontents. W. W. Norton.

- Stoner, J. A. F. (2013). "What does sustainability mean for business?" Journal of Management Education, 37(3), 389–393.

- Tajfel, H., & Turner, J. C. (1979). "An integrative theory of intergroup conflict." In The Social Psychology of Intergroup Relations. Brooks/Cole.

- Taylor, S. E. (1989). Positive Illusions. Basic Books.

- Ting-Toomey, S. (1999). Communicating Across Cultures. Guilford Press.

- Tuan, Y.-F. (1977). Space and Place: The Perspective of Experience. University of Minnesota Press.

- Turner, V. (1969). The Ritual Process: Structure and Anti-Structure. Aldine.

- Tversky, A., & Kahneman, D. (1974). "Judgment under uncertainty: Heuristics and biases." Science, 185(4157), 1124–1131.

- Tversky, B., & Hard, B. M. (2009). "Embodied and disembodied cognition: Spatial perspective-taking." Cognition, 110(1), 124–129.

- Ulrich, R. S. (1984). "View through a window may influence recovery from surgery." Science, 224(4647), 420–421.

- United Nations World Tourism Organization (UNWTO). (2019). Tourism for Sustainable Development Report.

- Urry, J. (2002). The Tourist Gaze. Sage Publications.

- Van Gennep, A. (1909). The Rites of Passage. University of Chicago Press (1960 translation).

- Van Manen, M. (1990). Researching Lived Experience. SUNY Press.

- Visser, W. (2011). The Age of Responsibility: CSR 2.0. Wiley.

- Watkins, M. (2000). Invisible Guests: The Development of Imaginal Dialogues. Spring Publications.

- Wegner, D. M. (1987). "Transactive memory: A contemporary analysis of the group mind." In Theories of Group Behavior. Springer.

- White, R. W. (1959). "Motivation reconsidered: The concept of competence." Psychological Review, 66(5), 297–333.

RÉFÉRENCES

- Whiten, A., & Erdal, D. (2012). "The human socio-cognitive niche." Current Anthropology, 53(6), 719–746.

- Wilkerson, M. (2019). "Ethical mobility and global citizenship." Global Studies Journal, 12(4), 1–16.

- Williams, A. M., & Hall, C. M. (2002). "Tourism, migration, and global change." Tourism Geographies, 4(1), 5–27.

- Wood, A. M., & Tarrier, N. (2010). "Positive clinical psychology." The Clinical Psychologist, 14(1), 10–12.

- World Economic Forum. (2020). The Future of Travel & Tourism: Scenarios to 2030.

- Yaden, D. B., Haidt, J., et al. (2017). "The varieties of self-transcendent experience." Review of General Psychology, 21(2), 143–160.

- Yarnal, C. M., & Chick, G. (2010). "Serious leisure and place attachment in shared travel experiences." Leisure Sciences, 32(3), 233–255.

- Yeoman, I. (2012). 2050: Tomorrow's Tourism. Channel View Publications.

- Zajonc, R. B. (1980). "Feeling and thinking: Preferences need no inferences." American Psychologist, 35(2), 151–175.

- Zimmerman, B. J., & Schunk, D. H. (2011). Handbook of Self-Regulation of Learning and Performance. Routledge.